LAS GUERRAS OLVIDADAS

José M.ª González Ochoa
Ana Isabel Montes Pascual

LAS GUERRAS OLVIDADAS

ACENTO
EDITORIAL

Primera edición: septiembre 1997
Segunda edición: julio 1998

Diseño de cubierta: Alfonso Ruano / César Escolar

Joaquín Turina, 39 - 28944 Madrid

Comercializa: CESMA, SA - Aguacate, 43 - 28044 Madrid

ISBN: 84-483-0259-1
Depósito legal: M-22134-1998
Fotocomposición: Grafilia, SL
Impreso en España / *Printed in Spain*
Huertas Industrias Gráficas, SA
Camino Viejo de Getafe, 55 - Fuenlabrada (Madrid)

ÍNDICE

PRÓLOGO

De los casi cincuenta conflictos armados que se mantienen hoy en el mundo, apenas diez tienen una presencia continuada en los medios de comunicación. La mayoría desaparecen de los periódicos o televisores hasta que una gran masacre o un vuelco espectacular (suelen ir unidos) los convierten en noticia. Estas luchas han ocupado u ocuparán su ración de protagonismo, efímero siempre salvo excepciones —ex Yugoslavia, Chiapas, Chechenia, Palestina—, para luego caer en el más absoluto olvido hasta que una nueva explosión de sangre llame a los periodistas. Es el caso de Colombia, Afganistán, Sri Lanka, Liberia, Ruanda, el Kurdistán y tantos otros. Algunos ni se nombran, como si existiera una conspiración de silencio —el Tibet, Sierra Leona, el Cáucaso— o de tan alejados no estuvieran en la tierra —Papúa-Nueva Guinea.

El propio Butros Gali, anterior Secretario General de Naciones Unidas, aseguraba que tenía que luchar contra el «síndrome CNN» para lograr dinero y *cascos azules* de los países ricos para conflictos alejados de las cámaras. Fue relativamente sencillo —una vez tomada la decisión política de intervenir— conseguir tropas y presupuesto para la misión de paz en Bosnia, pero imposible para Ruanda, Liberia, Yemen o Etiopía. Si no hay cámaras ni periodistas, no interesan a la opinión pública, no sirven como elemento de propaganda. Es como si lo que no aparece en los medios no existiera; si la CNN no habla de ello, no ha ocurrido.

El fin de la guerra fría y la desaparición del imperio soviético no han supuesto, como imaginaban muchos cándidos optimistas, la desaparición de las guerras o conflictos. Al revés, los provocados por la bipolaridad acabaron en guerras civiles y sólo en Centroamérica la paz se abre camino. Del temor a una guerra nuclear hemos pasado a la realidad de las guerras atomizadas. El actual desorden mundial ha traído nuevos tipos de conflictos marcados por su adscripción regional o nacional, que en su mayoría devienen en enfrentamientos civiles que enmascaran la lucha por el poder con agravios interétnicos o nacionalismos radicales.

Así andamos al finalizar el siglo, sin reponernos aún del mundo que dibujaron unos despistados dirigentes a las afueras de París en 1919. Consecuencia de aquello fue la II Guerra Mundial e, indirectamente, las posteriores 160 guerras y conflictos que desde 1945 han causado cuarenta millones de muertos. De ellos, sólo diez millones han sido soldados; el resto, población civil. Manuel Leguineche, en su libro *Los ángeles perdidos*, asegura que en el último decenio han muerto más niños —dos millones— que soldados.

Quizá, como decía el cómico francés Coluche, en las próximas guerras habrá que ser militar. Así parecen confirmarlo los más recientes sucesos sangrientos con los que estamos despidiendo al siglo: en Ruanda, Zaire, Sudán, Liberia o Afganistán, las principales víctimas son la población civil, los refugiados o huidos con los que las facciones en lucha presionan, utilizan como escudos o mercadería para sus negociaciones de paz o estrategias de guerra.

El futuro permanece hipotecado por medio centenar de luchas abiertas, por cincuenta millones de desplazados, por ciento veinte millones de minas esparcidas en setenta y cuatro países y los más de treinta millones de mutilados, dos millones de ellos niños.

La Paz Perpetua de la que hablaba Kant es un sueño imposible porque la injusticia y la desigualdad aumentan y los pobres son cada vez más pobres y menos libres. El 90 % de los conflictos armados se desarrollan en los países subdesarrollados. El 70 % de las transferencias de armas se llevan a cabo con países pobres o periféricos, y los 124 billones de pesetas (seis veces el presupuesto de España) que el mundo gasta en armamento benefician a unas cuantas industrias e intermediarios radicados en los países ricos. La cuarta parte del gasto militar de los países pobres bastaría para alimentar a la población hambrienta del mundo.

La miseria, la ausencia de democracia y la injusta distribución de la riqueza son las principales causas que subyacen en la mayoría de los conflictos, al convertirse el recurso a la violencia en la única salida para amplios sectores de población.

La venta de armas desde los países desarrollados, además de agravar los conflictos, constituye una enorme hipocresía. Amnistía Internacional y otras ONG han documentado, a pesar del secretismo oficial que rodea el tráfico de armas, la implicación de Francia, Inglaterra, Bélgica, Israel, Estados Unidos, China, Rusia, Egipto, Alemania y Suráfrica en la venta de armas y munición a los distintos ejércitos en lucha en la zona de los Grandes Lagos africanos. Y en Afganistán, por citar sólo unos casos concretos, se conocen datos que señalan a Pakistán, Rusia, China, Arabia Saudí y Estados Unidos como los principales abastecedores de armamento a las diversas partes enfrentadas. Sin este comercio ilegal y opaco sería incomprensible la creación y el éxito de la guerrilla talibán.

Cuando este libro llegue al lector es posible que alguno de los conflictos aquí destacados esté en vías de solución. ¡Ojalá ocurriera con todos! Pero la dinámica internacional, el caos en el que se ha convertido el nuevo orden, parece indicar lo contrario. Lo más probable es que nuevas guerras aquí no reseñadas alimenten momentáneamente los periódicos para luego pasar al olvido y ser un conflicto más que se prolongue en el nuevo milenio.

África parece ser el continente más indicado para que esto ocurra: el contagio de las luchas fratricidas, las tensiones de los refugiados de guerra en torno a los Grandes Lagos o en África occidental, el radicalismo islámico en el norte sahariano... Sin olvidar el polvorín del Cáucaso, siempre a punto de estallar, o las desigualdades crecientes entre los países asiáticos con evoluciones internas tan contradictorias como las de China. Desigualdades y contradicciones que también amenazan a América Latina, donde el cáncer del narcotráfico teje inverosímiles redes con el poder y los grupos insurgentes, o esa Cuba que algún día tendrá que evolucionar (esperemos que de forma pacífica, si se le permite desde el exterior) hacia la democracia. Cerca de nosotros, en los Balcanes, la guerra está detenida por una paz impuesta con soldados, pero late un conflicto cíclico que, como decía Mircea Eliade, «empuja a pensar en la fatalidad de la historia».

El lector echará en falta la alusión a algunas guerras como la de Chechenia o conflictos como el árabe-israelí, el argelino, la insurgencia de Chiapas o la precaria paz de Bosnia, sobre los que nada se dice. Consideramos que están relativamente bien cubiertos por los medios de comunicación y que el público tiene información frecuente y continuada sobre ellos. No así los aquí tratados, que, igual que vienen a las primeras páginas de los periódicos, desaparecen, aunque sigan existiendo.

Nuestra intención no ha sido otra que dar cuenta de y, en la medida de lo posible, explicar aquellas guerras o conflictos desterrados o consumidos por la voracidad del día a día que se impone en los medios, para que el olvido sea menor.

Madrid, julio de 1997

1
ÁFRICA, DE CAL Y DE ARENA

Ningún continente del mundo se expresa actualmente de forma tan enardecida como el Continente Negro. A lo largo de cuarenta años, treinta y cinco conflictos bélicos han originado, sólo en el África subsahariana, diez millones de víctimas y veinte millones de refugiados y desplazados. Pero en la década de los noventa el maleficio parece haber cedido y se ha puesto fin a trece confrontaciones bélicas.

Mozambique consiguió la desmovilización del ejército y de los rebeldes, aunque tormentosamente y tarde. En octubre de 1994 fue posible la celebración de elecciones generales pacíficas bajo la supervisión de Naciones Unidas. Suráfrica presenció, en abril del mismo año, las primeras elecciones multirraciales y la designación de Nelson Mandela como presidente de la nación, acontecimiento de excepcionales consecuencias para toda la región.

Chad ha logrado alcanzar un arreglo con la celebración de una conferencia nacional acompañada de la repartición del poder político, después de más de dos décadas de guerra en una nación dual, con un norte árabe y un sur negro-africano, tal y como ocurre en Sudán y en Mauritania.

Aun así, el proceso democratizador está resultando dificultoso en un país carente de derecho y donde la guerrilla permanece todavía activa en las regiones del Lago, del Logore y del Uaddai.

Uganda terminó con las actividades de las guerrillas en el norte, con la excepción del Ejército de Resistencia del Señor, de Joseph Kony, no sin recortes ni pactos. A pesar de todo, la brecha que separa y enfrenta a los favorables al multipartidismo del norte con los partidarios del régimen del gobierno de unidad nacional, respaldados por el Movimiento de Resistencia Nacional, sigue abierta. La estabilidad política y la buena voluntad manifestada por los dirigentes políticos favoreció la generosidad internacional a través de fondos asistenciales. Pero la inestabilidad de sus vecinos (Ruanda y Zaire) no le es ajena. A finales del año 1996 se registraron duros combates entre el ejército ugandés y la guerrilla, con un saldo de más de trescientos muertos.

Senegal ha visto empeorar la situación en la provincia de Casamance, donde mantiene movilizado a su ejército para contener las insurrecciones de los independentistas del sur.

Yibuti vio cómo en 1994 se escindía el Frente para la Restauración de la Unidad y la Democracia (FRUD), aunque la guerrilla no ha sido completamente desarmada en el norte del país. Una parte del FRUD se mantiene enfrentada al poder y, aunque la guerra iniciada en 1991 parece haber finalizado, persiste la inestabilidad.

Túnez y Egipto vieron mermar las corrientes fundamentalistas, pero el precio que han tenido que pagar ha sido el de una feroz represión. El presidente de Túnez manifestó que «el terrorismo y el radicalismo tienen su terreno en la ignorancia, la miseria y la enfermedad... La acción del radicalismo irá estrechándose en la misma medida que vaya mejorando la situación del ciudadano y su nivel de vida».

Níger y Malí mantienen actualmente enfrentamientos constantes con los tuaregs. Níger celebró unas largas conversaciones en Uagadudú bajo la supervisión de Francia, Argelia y Burkina Faso. Se llegó así a la firma de un tratado de paz en abril de 1995 con la Organización de la Resistencia Armada (ORA) —agrupación de varios movimientos tuaregs—, que han logrado obtener cinco escaños en el parlamento. En Malí, la situación se mantiene poco segura ya que continúa activo el FIAA (Frente Islámico Armado de Azawad), de Zahabi, desligado del resto de los movimientos tuaregs.

Pero durante esta década han surgido nuevas crisis derivadas en su mayoría de reivindicaciones territoriales o búsqueda del control de las riquezas del petróleo. Dentro de este apartado pueden incluirse las disputas de Sudán y Egipto por la zona de Halaib, en el mar Rojo, y las de Camerún y Nigeria por la península de Bakassi, en el golfo de Guinea.

En el África austral, las elecciones pluralistas que han venido celebrándose «en serie» en la región pueden ser consideradas como una alternativa para apuntalar una nueva etapa que resulte inédita, caracterizada por el pragmatismo y el olvido, en la que se consideran más importantes los resultados democráticos que lo realmente expresado por los electores que concurren a las urnas. En Mozambique, Angola, Zambia, Zimbabue o Tanzania no se ha desarrollado una nueva cultura política y permanecen ausentes valores nuevos que pudieran suplir eficazmente a los que ya ni siquiera existen. Todo ello degenera en un descontento social que podría abrir las puertas al sofocante pasado.

El materialismo inconfundible y representativo de la política de la zona hace que el factor determinante se sitúe sobre el ámbito de la economía. El futuro dependerá del talento de los distintos gobiernos para triunfar sobre la crisis del empleo, que tanto afecta a la mayoría de los países. Pero la situación no resulta esperanzadora cuando el capital extranjero recela invertir en un mercado caracterizado por su dificultad, los bajos niveles educativos y la escasez de infraestructuras. Más aún cuando la Europa del Este oferta salidas mucho más atractivas.

1.1 Elementos del actual contexto

Cinco elementos determinan actualmente la situación del continente africano:

1.° La internacionalización de las crisis, manifestada en la generalización de celebraciones de conferencias internacionales. La reestructuración de las instituciones y la apertura hacia el multipartidismo son reivindicaciones propias de las nuevas capas urbanas, pero también resultado de las imposiciones de Occidente. La insatisfacción continúa.
2.° El ajuste económico estructural, obligado por el Fondo Monetario Internacional (FMI) y el Banco Mundial, a pesar de lo cual la mayor parte de los Estados distan mucho de encontrarse en situación de satisfacer las peticiones de democracia: ha favorecido el florecimiento de una sociedad de parados.
3.° El carácter interno de los conflictos. Según el programa de Naciones Unidas para el Desarrollo (PNUD), de los 82 conflictos habidos en los tres últimos años, 79 fueron crisis internas, la mayor parte de las veces ligadas a motivaciones económicas.
4.° El subdesarrollo y las crisis alimenticias, pólvora para los desórdenes. Según el Banco Mundial, el número de africanos que pasan hambre crece paulatinamente: «Las graves penurias alimenticias que en 1960 eran excepcionales, se han hecho corrientes. La cuarta parte de la población del África subsahariana tiene que enfrentarse a una inseguridad alimentaria crónica. La producción debería incrementarse en un 4 % anual para poder alimentar a una población que crecería en un 2,75 % por año, mejorar la nutrición del 1 % y disminuir gradualmente las importaciones alimenticias en un 0,25 % entre 1990 y el 2020» [1].

El continente ha sufrido la pérdida de la mayoría de los mercados tradicionales en favor de otras regiones del planeta que parecen llevar un ritmo más dinámico (Europa del Este y Asia). El resultado no podía ser otro: el hambre. La FAO (Organización de las Naciones Unidas para la Alimentación y la Agricultura)

[1] *L'Afrique Subsaharienne, de la crise à une croissance durable. Étude de prospective à long terme.* Banco Mundial, Washington D.C., 1989, pág. 8.

cree que la escasez de precipitaciones no es la causa principal de la crisis de la tierra sino las guerras civiles. Además, el transporte y el comercio se hacen impracticables en medio de tanta inseguridad. Liberia, Angola, Sudán, Somalia, Ruanda, Burundi y Zaire son los países más directamente afectados, pero también sus respectivos vecinos.

5.º Las grandes masas de refugiados y desplazados, cuyo número supera ya los 20 millones y suponen el gran drama de la espiral de violencia y horror del Continente Negro.

1.2 Fuentes de conflicto

¿No es el hambre fermento para crisis futuras? Afectada por ella puede verse Etiopía. Aunque permanece en calma desde el final de la guerra civil, parece ser el hambre, junto con la epidemia del sida (a causa de la desmovilización de sus soldados que ha favorecido una rápida difusión), los dos grandes retos de los etíopes.

Consecuencia del hambre y de la guerra son los exilios masivos, que suponen la implicación de los países circundantes al lugar de conflicto. Es el caso de Zaire y Uganda, en relación con Ruanda, y de Costa de Marfil, Guinea y Sierra Leona a raíz del conflicto liberiano.

La diversidad humana en un continente con más de un millar de etnias y con 52 Estados para 700 millones de habitantes, sumado a la arbitrariedad de los límites fronterizos, son también germen de inestabilidad en un lugar donde el Estado no es equivalente de nación sino de pluralidad de pueblos, y donde las fronteras no han servido de unión entre los hombres sino de barrera.

Los desorbitados gastos en armamento han menguado los recursos indispensables para el sostenimiento político, social y económico. Los malos mecanismos internacionales de prevención, gestión y solución de conflictos por parte de la comunidad internacional, junto con la carencia de medios tanto materiales como financieros y logísticos, ponen en auténtico peligro el alcance práctico de las medidas que puedan adoptarse.

La CEA (Comisión Económica de Naciones Unidas para África) expuso en uno de sus estudios lo siguiente:

> «El panorama que emerge del análisis de las perspectivas de África en el horizonte del 2008, realizado en virtud del escenario fundado sobre las tendencias históricas, es casi de pesadilla. En primer lugar, la eventual explosión demográfica tendría graves repercusiones en los recursos materiales de la región, tales como la tierra y los servicios sociales básicos (educación, salud, alojamiento, nutrición, aprovisionamiento de agua, etc.). A nivel nacional, las condiciones socioeconómicas estarían caracterizadas por una degradación de la esencia de la dignidad humana. La población rural podría conocer una situación catastrófica en la medida en que las tierras serían tan escasas que familias enteras tendrían que subsistir sobre un terreno como mucho de una hectárea. La miseria alcanzaría nuevas dimensiones (...)» [2].

¿Será posible que África pueda combatir por un futuro mejor, con el alcance de su deuda externa, sus pobres infraestructuras, los brutales gastos en armamento, la inestabilidad socio-política y los enfrentamientos que la socavan? Los pueblos del continente negro actuarán favorablemente si poseen disposición y oportunidad y si se proveen de los medios necesarios. Pero tienen en contra que ahora los tiempos no avanzan al mismo ritmo que antes; parecen ir a marchas forzadas. Es tiempo de erigir la nueva África, conociendo y responsabilizándose de su propio pasado y apartando aquello que obstaculice el camino. El nigeriano Wole Soyinka, premio Nobel nigeriano, propuso que volvieran a trazarse las fronteras que fueron dibujadas atendiendo a criterios astronómicos por las potencias coloniales, pero tenien-

---

[2] *La CEA et le développement de l'Afrique: 1983-2008*, Banque Africane, Abibyán, 1989, pág. 176.

do ahora en consideración las líneas étnicas. ¿No sería echar más leña al fuego?

Surge la imperiosa necesidad del acabar con las huellas del pasado colonial inventando modelos innovadores de crecimiento y teniendo en cuenta los anhelos de sus pueblos, valiéndose de la riqueza de sus recursos, haciendo frente a las epidemias y mejorando la educación de las jóvenes generaciones para no hipotecar su futuro. Es necesario luchar por formas políticas de gobierno que posibiliten la participación y la justicia, atendiendo a sus propias raíces y singularidades, y erradicar la corrupción. Se trata de una complicada y extensa lista de necesidades. En palabras de Amadou-Mahtar M'Bow, «el futuro está ya en germen en el presente, y el presente no siempre es inteligible sin recurrir al pasado».

Los años posteriores de la guerra fría han visto nacer conflictos en su mayor parte de carácter interno: una vehemente fidelidad a una clase social determinada se asocia a sólidas pasiones de repulsión contra otros grupos de individuos que habitan en la misma región y que conforman un Estado caracterizado, en África, por su artificialidad. Estas coléricas pasiones suponen una seria amenaza tanto para la seguridad nacional como internacional. Es lo que se ha dado en llamar el «etnonacionalismo», cuya más destacada peculiaridad es su idoneidad para volver a precisar las relaciones sociales y movilizar y manipular a la sociedad por parte de políticos oportunistas, dominados por ambiciones personales. Las guerras encendidas utilizando estos sentimientos originan como consecuencia primordial movimientos de refugiados. Añadir ejércitos integrados por soldados generalmente mal retribuidos y escasamente adiestrados, que se dedican al robo y a la extorsión.

Los derechos humanos se ven aún, si cabe, más amenazados cuando instituciones como la judicatura no existen, y los dirigentes políticos se muestran impasibles a las llamadas internacionales e insensibles al padecimiento de sus conciudadanos. En este ambiente, no resulta extraño que las agitaciones y los movimientos de población puedan difundirse con facilidad por los países vecinos en una terrible regionalización de la crisis. El etnonacionalismo se alza como instrumento y arma a utilizar por un grupo con la finalidad de reunir sus fuerzas y luchar por el control del poder y las riquezas.

1.3 Sahara Occidental

La República Saharaui tiene de todo: presidente, gobierno, ejército, pueblo capaz de aguantar al máximo... Incluso, coincidiendo con su vigésimo segundo aniversario, estrenó moneda: la peseta saharaui. Pero carece de un elemento indispensable para constituirse en Estado: territorio. Los saharahuis sobreviven en una esquina del desierto argelino cercana a la que fue colonia española y que desde hace tiempo reclaman. Lo hacen gracias a su orgullo, a su identidad de pueblo, ayudados por las aportaciones de organizaciones humanitarias. Ya han pasado más de cuatro lustros de precaria subsistencia.

Se trata de una de las más complejas situaciones internacionales a la que ha tenido que enfrentarse Naciones Unidas. Desde el punto de vista jurídico, la cuestión resulta hasta cierto punto sencilla ya que, partiendo de la doctrina sentada en el dictamen del año 1975 por el Tribunal internacional de Justicia, los problemas que se suscitan son materiales y de determinación de hecho. Pero su complejidad responde a motivaciones multicausales y variadas.

El Sahara Occidental, ocupado en parte militarmente por Marruecos, recibe diferentes calificaciones jurídicas, atendiendo al derecho internacional:

— Se le considera Estado soberano e independiente, y así fue reconocido por más de 60 naciones. Ha llegado a formar parte de una organización internacional: la Organización para la Unidad Africana.

— Aparece definida como territorio no autónomo, con un único movi-

miento de liberación conocido: el Frente Polisario.
— Es considerado territorio sometido a proceso de descolonización por Naciones Unidas, en aplicación de las resoluciones de la Asamblea General, con unos límites territoriales específicos.
— Se señala como territorio ocupado de hecho por el Reino de Marruecos, e incluso como parte integrante del Reino marroquí, quien no reconoce al Frente Polisario ni a la RASD (República Africana Saharaui Democrática).

La confusión se ve aún más agravada si atendemos al carácter nómada de la población saharaui y a la carencia de un censo fiable de población. Desde 1991 persiste un alto el fuego, pero el Frente Polisario permanece armado, esperando el futuro desarrollo de los acontecimientos. Aunque la ONU respalda la celebración de un referéndum sobre la autodeterminación, el principal problema es la falta de un censo actualizado y fiable de población autóctona. Marruecos ha desarrollado una política «colonizadora» con el fin de aumentar el número de marroquíes que participen en dicho referéndum, de tal forma que su resultado sea favorable a la incorporación del Sahara al Reino de Marruecos.

Para garantizar la legalidad, la ONU creó la MINURSO (Misión de Naciones Unidas para el Sahara Occidental), con una comisión de identificación para el referéndum. La misión gastó en torno a tres millones de dólares al mes (unos 375 millones de pesetas) en intentar organizar un referéndum que parece cada día más improbable. En noviembre de 1995 los ocho centros de identificación fueron cerrados y el jefe de la MINURSO afirmó que los saharauis habían obstaculizado las inscripciones por no reconocer a tres tribus que Marruecos pretendía incluir en el censo y solicitaban la publicación de los identificados hasta aquel momento. La MINURSO amenazó con proceder a su retirada.

1.3.1 Antecedentes

Desde 1958-1959, el Sahara (junto con Guinea) formaba parte de España como provincia. Parecía un lugar fácilmente controlable, habitado por unos miles de nómadas. El descubrimiento en Bu Craa de yacimientos de fosfatos hizo la región atractiva y provocó la codicia de Marruecos y de Mauritania. En 1967 se constituye la Yamáa, o Asamblea General del Sahara, donde por vez primera se reúne un gobierno con representantes saharauis. En 1974 España procede a conceder cierta autonomía, respaldando al mismo tiempo a un partido local, aunque actuando sin determinación por sus intentos de complacer a los tres países contiguos al Sahara: Marruecos, Mauritania y Argelia.

Los países africanos calificaban la situación colonial de diacrónica y a la vez se producían conflictos pesqueros, debido a la ampliación de las aguas jurisdiccionales marroquíes. En 1975 el Tribunal de La Haya respaldó la decisión española de celebrar un referéndum en el que sólo tendrían derecho a votar los habitantes autóctonos. Por otra parte, no reconoció vínculo jurídico alguno de Marruecos ni de Mauritania respecto al Sahara. Hassán II organizó entonces la Marcha Verde. La tensa situación pudo acabar en un enfrentamiento armado.

El proceso de autodeterminación reconocido por la ONU se acelera y se crea un Estado independiente supervisado por España. Naciones Unidas dictó el llamado Plan Waldheim para el Sahara en el que se estableció lo siguiente:

1) España debe anunciar su retirada y solicita a Naciones Unidas que se responsabilice de la descolonización del territorio.
2) Marruecos debe suspender la Marcha Verde.
3) Las partes interesadas no tomarán ninguna decisión que suponga agravar el conflicto.
4) El Secretario General, Kurt Waldheim, propondrá el establecimiento de una administración provisional, sustituyendo a la española.

El mismo día el presidente de la Yamáa, El Jatri, sale del Sahara hacia Rabat, donde se somete a Hassán II. La presión se hacía insostenible para España, que hizo entrega del Sahara a Marruecos y Mauritania, tras firmar el Tratado de Madrid el 14 de noviembre de 1975. Suponía la violación de las disposiciones dictadas tanto por el Tribunal de La Haya como por la ONU, defensora del derecho de autodeterminación de los saharauis.

Las pérdidas económicas fueron enormes ya que los enfrentamientos entre el Frente Polisario y Marruecos hicieron imposible explotar los fosfatos. La primera condición del Frente Polisario fue que se llevara a cabo la celebración del referéndum. Se fundó la República Árabe Saharaui Democrática. El movimiento de liberación fue reconocido y respaldado por Argel y por algunos países árabes del Magreb y africanos. España lo hizo en 1979.

1.4 Liberia

Desde 1989 Liberia se ha visto asolada por una guerra civil total, calificada en ocasiones como «de baja intensidad», que ha llevado a la muerte a 150.000 personas (o 300.000, según otras fuentes) y al exilio a casi 800.000 civiles, que se reparten entre los cinco países más cercanos (Guinea, con 400.000, y Costa de Marfil, con 36.000, son los más afectados; Sierra Leona, Ghana y Nigeria han acogido en torno a 36.000 refugiados), sin que cesen los movimientos de población.

Los amos de la tierra son las múltiples bandas de asesinos, armados con fusiles, puñales o machetes, que no obedecen en realidad a nadie. Paralelamente actúan los llamados «señores de la guerra», utilizando el pretexto de la etnicidad como exhortación a la lucha e instrumento que les lleve a alcanzar el poder político y el control económico. Liberia ha llegado a convertirse en lo opuesto a la idea para la que fue concebida (la tierra prometida para los esclavos libertos norteamericanos). Pero a la vez es la consecuencia del desarrollo de su propio pasado.

En la primavera de 1996 se desencadenó una nueva crisis protagonizada por la Ulimo-J junto con la guerrilla del Consejo de Paz de Liberia enfrentados contra el FPNL (Frente Patriótico Nacional de Liberación) de Taylor, al que se unió la Ulimo-K, liderada por Krimah.

Monrovia quedó seccionada en dos desde el mes de mayo de 1996, cada una de las partes dominada por una de las facciones enfrentadas, carentes de ideología o programa político concreto.

Una de las singularidades principales de la guerra civil liberiana es su dimensión regional, que se manifiesta tanto en el drama de los refugiados como en las fuerzas multinacionales que participan. Militarmente, los Estados contiguos también se han visto involucrados en la guerra, de tal manera que motivaciones internacionales divergentes tienen igualmente su esfera de participación. Países francófonos, como Costa de Marfil y Burkina Faso, prestaron apoyo y armas al FPNL. Nigeria y Sierra Leona han apoyado a las fuerzas armadas de Samuel Doe y a los Krahn.

Desde que comenzó el conflicto en 1989, más de 800.000 de los 2,4 millones de ciudadanos liberianos se han visto empujados al exilio, según fuentes de Naciones Unidas. Pero una fría estadística no es suficiente para dar explicación de la catástrofe de la historia del país. Se han atacado poblaciones civiles, y la asistencia humanitaria en numerosas ocasiones se ha visto bloqueada o desviada. Al drama se añade que han sido reclutados adolescentes e incluso niños por parte de los ejércitos enfrentados.

La regionalización del conflicto queda patente si observamos la participación de los países de la zona en los intentos de pacificación. Naciones Unidas, a través de su Consejo de Seguridad, amparó la intervención de la ECOWAS (Comunidad Económica de Estados del Oeste de África), a través del ECOMOG, fuerza para el mantenimiento de la paz, que contaba con 16.000 soldados, en su mayor parte nigerianos. Denominados «cascos blancos», han supuesto la africanización de la intervención internacional al sustituir a los *cascos azules*. Su fracaso ha sido sonado: Amnistía Internacional denunció la venta de armas y munición por parte del ECOMOG a grupos armados, y Médicos Sin Fronteras los acusó de estar implicados en el resurgir de los enfrentamientos, protagonizando acciones ofensivas: el saqueo de ciudades o el bombardeo aéreo de zonas controladas por las fuerzas de Taylor.

La OUA (Organización para la Unidad Africana) se ha mostrado tan alejada e impotente como la ONU, que únicamente envió 50 observadores internacionales, elevados a 130 en noviembre de 1995, bajo la intervención del Secretario General de la Organización.

Durante la guerra fría los intereses de Estados Unidos en la zona incluían un importante aparato militar y estratégico. La multinacional Firestone había llegado a crear un Estado dentro del Estado, al controlar hasta 400.000 hectáreas del territorio. Después de la guerra fría Liberia deja de tener interés estratégico y es abandonada en manos de bandas armadas. El presidente norteamericano Bill Clinton manifestó en varias ocasiones no tener intención de inmiscuirse militarmente en la guerra civil liberiana, quizá por el temor de que la participación concluyera en fracaso, como ocurriera en Somalia en 1994.

Hasta 1980, si algo caracterizaba a Liberia era la ausencia en su seno de rivalidad étnica. Quince años de continuas violaciones de derechos humanos difuminaron la esperanza de un retorno a una convivencia en paz. Incluso en el caso hipotético del cese de los enfrentamientos por carecer de combatientes, sería una funesta equivocación volver a constituir un Estado fundamentado en un «colonialismo negro» favorecedor de desigualdades. Muchos de los problemas que padece Liberia tienen su origen inmediato en los *freemen* llegados de Estados Unidos, generadores de una nueva esclavitud contra los indígenas.

Concesiones económicas para los más pobres, educación, salud... son los mejores medios para conseguir la reconstrucción. La pregunta que parece imponerse a la vista de los hechos es si será posible lograr la pacificación y no cuándo, ya que parece lejana.

1.4.1 Antecedentes

Liberia fue el nombre puesto al lugar elegido para fundar la pri-

Principales grupos que se disputan el poder en Liberia

Frente Patriótico Nacional de Liberia (FPNL). Creado por Charles Taylor, inicia la guerra partiendo desde Costa de Marfil. Suma en torno a 25.000 combatientes de religión musulmana y cristiana. Carece de una ideología o programa político concreto. Sus grupos étnicos más destacados son: mano, gio, kplele, gola, kissi, americano-liberiano, kru y congos. Su objetivo principal no es otro que controlar el territorio y los recursos. Ha llegado a tener bajo su control la mayor parte de Liberia.

Movimiento Unido de Liberación por la Democracia en Liberia. Liderado por Alhaji Kramah, cuenta con 12.000 hombres en sus filas. Son de religión musulmana y de etnia mandinga. Aliado de Taylor en el Consejo de Estado.

Ulimo-J. Movimiento Unido de Liberación para una Liberia Democrática. Encabezado por Roosevelt Johnson, cuenta con 8.000 combatientes. Son de etnia krahn, y de religión cristiana y masones.

Fuerzas Armadas de Liberia (AFL). Integradas por aproximadamente 9.000 hombres, formaron parte de las Fuerzas Armadas de Liberia del dictador Samuel Doe. La mayor parte son de la etnia krahn, pero también forman parte de ella miembros de las etnias kpele, kissi, kru y bassa. Son cristianos y musulmanes. Se han aliado con Ulimo-J contra Taylor. A menudo han actuado como un grupo armado independiente del control del gobierno.

Consejo de Paz de Liberia (LPC). Nació en 1993 y su líder es George Boiley. Cuenta con 5.000 hombres, en su mayoría cristianos. Las etnias que participan son la krahn, gio, mano y mandinga. Se ha aliado al AFL y a Ulimo-J.

mera colonia de Estados Unidos en el continente africano, un territorio situado en la costa occidental de África cedido a una sociedad filantrópica norteamericana a comienzos del siglo XIX, la American Colonisation Society, con el objetivo de liberar a los esclavos americanos procedentes del continente negro y que habían sido utilizados para alcanzar el desarrollo estadounidense. En 1847 fue la primera república en lograr la independencia, siempre caracterizada por el mantenimiento de sólidos lazos con Estados Unidos.

Desde el principio el poder fue monopolizado por los nuevos colonos, los esclavos o congos, libertos denominados *freemen*, quienes dominaron a la población indígena, obligándola a llevar a cabo trabajos forzosos más propios de esclavos. El partido True Whig consiguió el mantenimiento de su poder absoluto hasta que el sargento indígena Samuel Doe dio un golpe de Estado el 12 de abril de 1980. El poder cayó en las manos de un Consejo Popular de Redención que estableció un gobierno de coalición. Concedió por vez primera poder a los nativos, pero rápidamente evolucionó hacia una violenta y degenerada dictadura.

Debido a las presiones de Estados Unidos, se organizaron unas fraudulentas elecciones presididas por el cierre de la prensa independiente y la promulgación de una ley en la que se especificaban los requisitos exigidos a los partidos políticos para poder participar en ellas. Sólo dos fueron capaces de cumplirlas, uno de ellos el del presidente. Las elecciones, celebradas el 15 de noviembre de 1980, le dieron el triunfo. A partir de entonces se inauguró una espiral de violencia. Doe logró mantenerse en el poder gracias a su ejército y al grupo Krahn. En 1989 Charles Taylor, antiguo miembro del régimen de Doe, fundó el Frente Patriótico Nacional de Liberia y proyectó un levantamiento al nordeste del país, desde Costa de Marfil, con el apoyo de la población local. Durante 1990 consiguió abrirse camino hasta las cercanías de Monrovia. El 9 de septiembre Doe cayó prisionero y fue asesinado. Los combates, seguidos de represiones fortísimas por parte de las tropas favorables al régimen, habían provocado un éxodo masivo de la población: cientos de miles de civiles se refugiaron en Guinea y Costa de Marfil. La comunidad internacional no se inmutó. Después de tres meses de luchas se estableció una tregua que se mantuvo hasta octubre de 1992. En octubre de 1991 se había firmado el acuerdo de Yamu Sukro IV en la capital de Costa de Marfil, que preveía:

– El despliegue de una fuerza de interposición en el conjunto del país, con la misión de ser el garante del

El acuerdo de paz de Abuja (Nigeria) del 19 de agosto de 1995

Firmantes: AFL, LPC, FPNL, Ulimo-J, Ulimo-K y un representante de la Conferencia Nacional Liberiana, organismo instituido por los ciudadanos liberianos para estudiar el proceso de paz.
Intermediario: ECOWAS (Comunidad Económica de Estados del Oeste de África). Ha mantenido en Liberia una fuerza militar multinacional, el ECOMOG, para el mantenimiento de la paz, desde 1990.
Asistentes: ONU y OUA (Organización para la Unidad Africana).
Estipulaciones y consecuencias: Alto el fuego; desarme; celebración de elecciones antes de un año; creación de un Consejo de Estado bajo la presidencia conjunta de los dirigentes de las tres facciones enfrentadas junto con dos civiles.
La UNOMIL (Misión de Observadores de la ONU en Liberia), tras amenazar con retirarse si no se avanza en el proceso de paz, aumenta su personal hasta 94 miembros y prolonga su misión hasta el 31 de enero de 1996 como consecuencia del acuerdo de paz suscrito.

alto el fuego y establecer un gobierno interino. Será el ECONOG, grupo de la CEDEAO (Comunidad Económica de los Estados de África Occidental), formado por 8.000 hombres mayoritariamente nigerianos. Eran los «cascos blancos».
– La retirada de los hombres armados.
– La celebración de elecciones pluralistas después de transcurrido un periodo de transición de un año.

En julio de 1992 la crisis se agrava con la entrada en escena de un nuevo grupo guerrillero entrenado en Sierra Leona.

Se celebraron constantes rondas de negociaciones con la finalidad de terminar con el conflicto e instaurar un gobierno nacional, pero no prosperaron. En 1993 Naciones Unidas envía una misión de observadores para Liberia, la UNOMIL, con la finalidad de vigilar el acuerdo de paz suscrito el 25 de junio de 1993 en Ginebra. El 16 de agosto se crea el «Consejo de Estado para la Transición», dirigido por B. Kuyon, sustituido al poco tiempo por Ph. Banks. Las operaciones de desarme que se desarrollaban lentamente fueron paralizadas en junio. Doce acuerdos de paz se vieron frustrados uno detrás de otro.

El acuerdo firmado en Abuja (Nigeria) el 19 de agosto de 1995 se rompió en abril de 1996, cuando Taylor, líder del FPNL, junto con Kramah (dirigente del Ulimo-K), intentaron derribar al gobierno colegiado y hacerse con el poder, atacando a Roosevelt Johnson.

1.5 Sierra Leona

A finales de mayo de 1997 Sierra Leona sufrió el tercer golpe de Estado en cinco años. El comandante Koroma –cabeza visible del Frente Revolucionario Unido (RUF)– derrocó al presidente Ahmad Tejan Kabbah, vencedor de las elecciones de 1996. Días después, tropas nigerianas intentaron una operación militar en apoyo del presidente Kabbah, saldada con centenares de muertos y sin variaciones en el poder. La confusión, el pillaje y el temor a la expansión del conflicto siguen dominando la zona.

Para comprender la derivación política de este pequeño país, es necesario tener en cuenta los diferentes grupos que se fueron constituyendo ya desde la colonización:

Una primera división es la que puede hacerse entre el interior, un protectorado marginado, y la costa junto con la capital, declarada colonia de la Corona británica.

Por otro lado cabe una diferenciación entre el norte, con los Temné, agrupados en torno al Congreso de Todos los Pueblos (APC), de Siaka Stevens; y el sur, habitado por los Mandé, unidos a Milton Margaï, jefe del Partido del Pueblo de Sierra Leona (SLPP), ganador de las primeras elecciones.

Grupo aparte lo constituyen los Criollos (en torno a 330.000), que descienden de antiguos esclavos y se hicieron con los cargos económicos y administrativos más importantes.

La minería se alzó como base de la economía de la que fue considerada la «pequeña Suiza africana», y el diamante ha sido el producto central de las exportaciones, aportando más del 60 % de las divisas. Pero el extraordinario caos económico que ha sufrido el país a lo largo de los años ha terminado por hundir a Sierra Leona hasta convertirla en uno de los cinco países más pobres del planeta. El único proyecto económico importante fue el Plan 1962-1972, extenso y con altas expectativas, pero que debido a los problemas políticos, terminó por caer en el olvido. Los enfrentamientos se han alimentado en gran parte de este desorden económico.

Joseph Mamoh (investido presidente en agosto de 1985) no fue capaz de poner orden en un país dominado por la corrupción y la penuria alimenticia. En abril de 1992 una junta militar presidida por Valentine Strasser anuncia el derrocamiento del gobierno. Proclama el estado de emergencia, disuelve el parlamento y anuncia la creación de un Consejo Rector Nacional Provisional (NRPC). En mayo toma posesión como jefe de Estado, disuelve el NRPC y crea el Consejo Superior del Estado (SCS).

En Liberia se constituye el Frente Revolucionario Unido

(RUF) con opositores al régimen de Strasser. Desde 1993 se orientan como la guerrilla de oposición al gobierno. A partir de 1992 la actividad guerrillera ha ido en progresión, asemejándose cada vez más a la liberiana. El nivel de desintegración, fanatismo y bandolerismo se incrementó, y la RUF siguió arremetiendo contra el gobierno, con objeto de alcanzar el control de zonas ricas en oro, diamantes y otros minerales.

Las cifras hablan de 10.000 fallecidos desde 1991, de más de 2.000.000 desaparecidos (casi la mitad del total de la población) y de 300.000 refugiados en Liberia y Guinea. Liberianos huidos de su país a causa de los enfrentamientos e instalados en Sierra Leona han tenido que regresar a Liberia o marchar a Guinea. Como en Angola, parece que la fascinación por el diamante no ha escapado a los mercenarios, que ahora actúan al este de Sierra Leona a cambio de concesiones del gobierno.

El desastre económico es total ya que los recursos mineros están controlados por los guerrilleros. Al igual que en muchos otros países africanos, los soldados mal remunerados se han lanzado al pillaje y a los abusos contra la población civil, convirtiéndose en bandidos armados.

1.6 Angola

Angola es un país arruinado y dividido. Las cifras hablan de un millón de muertos, 80.000 amputados, 13 millones de minas sembradas de las que se desconoce su localización, con 320 niños muertos por cada 1.000 personas fallecidas (a la cabeza mundial en mortalidad infantil, según UNICEF), y un millón y medio de desplazados y refugiados. Del total del territorio, la Unión Nacional para la Independencia Total de Angola (UNITA) domina el 40 % del país. No hay libertad de circulación ni actividad comercial; la cosecha de 1996 se perdió, y más de 1.100.000 personas necesitaron de la ayuda humanitaria para sobrevivir. Todo a pesar de ser uno de los países de África con más recursos para su reconstrucción. La pacificación no llega y el capitalismo salvaje ha transformado a Luanda en el centro de la corrupción.

Cuatro principales elementos se sobreponen para conformar la actual sociedad angoleña: le son propias cualidades peculiares de la sociedad africana tradicional mezcladas con planteamientos administrativos heredados del socialismo de Estado, característicos de la guerra fría, y con fórmulas mercantiles punzantes en sectores relacionados con la extracción de petróleo. A ello se une la atomización de las fuerzas de producción con motivo de la guerra.

Desarme, acuartelamiento de las tropas y la constitución futura de un ejército angoleño unificado son los tres principales puntos recogidos en el tratado de paz de Lusaka (1994). Un proceso de paz lento y desarrollado en un contexto que, si se caracteriza por algo, es por la atmósfera de inseguridad que lo envuelve:

> Es el segundo país, después de Afganistán, donde se contabilizan más lugares impracticables colmados de minas.
>
> El irracional proceso de urbanización que crece en África se manifiesta también en Angola a través de su capital, Luanda, convertida en metáfora tanto del sobrecogedor panorama del tiempo pretérito como del futuro de una penuria urbana que descompone los equilibrios naturales y el medio ambiente y engendra paro y violencia. En sus arrabales se han reunido apretadamente cientos de miles de familias desplazadas por la más cruenta y devastadora de todas las formas conocidas de guerra.

A pesar de la paralización de la guerra en 1994, tanto el gobierno como la guerrilla siguen estando presentes en el mercado de armas, aunque UNITA ya no dispone del apoyo de Estados Unidos ni de Suráfrica, en consonancia con la corriente internacional actual, inclinada a una resolución de la crisis.

Según un informe de *El País* (13 de mayo de 1993), entre el 60 y el 70 % de los ingresos procedentes de la venta de petróleo no aparecen justificados en las cuentas de los ministerios ni en ningún otro lugar. El 80 % de los ingresos por ventas de crudo se destinan a desarrollar el engranaje militar. El 20 % restante es dedicado a abonar el cohecho y la corrupción.

UNITA mantiene todavía prácticamente entero su ejército, por lo que no puede afirmarse que el proceso de paz reiniciado en Lusaka sea definitivo sino más bien mutable. La posibilidad de un retorno a la guerra gravita en la atmósfera. Resulta claro que el estado político y social de Luanda ha alcanzado un elevado grado de corrosión, de la que pueden servirse ciertos políticos en su propio beneficio.

El final de la guerra fría, el triunfo de Clinton, la pérdida de importantes ciudades por parte de UNITA y los fructíferos negocios alcanzados por el gobierno de Dos Santos con compañías petrolíferas norteamericanas, tales como Amoco, Exxon o Chevron, son hechos que, sumados, están coadyuvando a que la estrategia de UNITA se transforme y pueden contribuir positivamente para que la paz termine por imponerse, a pesar de que, tal como reconoce Jonás Savimbi en una entrevista al diario *El País* (12 de mayo de 1996), «todos los militares de UNITA están en contra del proceso de paz».

Además no hay que olvidar que el acuerdo de paz de Lusaka ha sido ante todo una imposición internacional más que un verdadero y deseado acercamiento de posiciones.

Si hay algo que caracteriza esta nueva etapa de la historia de Angola es el elevado pragmatismo manifiestamente presente en todas las actuaciones y que ha sido impuesto por Washington y por la ONU. El hecho queda patente si observamos que la salida a la crisis ofrecida supone que UNITA, junto con el gobierno, comparten el poder sobre una coyuntura que resulta ser, a priori, más favorable para los propios rebeldes.

1.6.1 Antecedentes

Angola vio su solidez coartada ya desde el momento en el que le fue concedida la independencia. Tres movimientos de liberación lanzaron sus ofensivas para hacer de la guerra angoleña «el conflicto más sangriento del mundo» [3]:

– El Movimiento Popular para la Liberación de Angola (MPLA), con un apoyo internacional superior, con 40.000 cubanos y algunos contingentes de Guinea-Bissau, Cabo Verde, Qatar, y apoyo técnico de la URSS, de Alemania del Este y de Checoslovaquia, liderado por José Eduardo Dos Santos.
– El Frente Nacional de Liberación de Angola (FNLA), respaldado por Portugal, China y Zaire.
– La Unión Nacional para la Independencia Total de Angola, cuyo líder es Jonás Savimbi y que ha contado, a lo largo de su historia, con diferentes apoyos: entre 1971 y 1973, fue respaldado por Portugal para combatir al MPLA. Durante la guerra fría, Estados Unidos y la Suráfrica racista le brindaron su apoyo; fue respaldado por el Zaire de Mobutu, del que obtenía rentables intercambios, utilizando los diamantes de las regiones que se encuentran bajo su control.

Cierto es que en un principio los tres movimientos poseían la misma legitimidad en sus reivindicaciones. Pero el MPLA logró mayor reconocimiento internacional, lo que sumado al control de la capital, le hizo contar con dos bazas destacables.

Agostinho Neto, líder del MPLA, canalizó sus esfuerzos para alcanzar la hegemonía a través de tres medios: lanzando ofensivas contra el FNLA y contra UNITA, desarrollando una importante actividad diplomática para eliminar los apoyos exteriores al FNLA y a UNITA y firmando acuerdos con países que pudieran brindarle apoyo: con Zaire y con Cuba (1976) principalmente.

A partir de 1978 tres serán los objetivos básicos:

1.° Lograr la coexistencia pacífica con los países vecinos.
2.° Reconciliación con los otros movimientos.
3.° Salida de la esfera soviético-cubana.

José Eduardo Dos Santos fue

[3] Boutros-Ghali, 14 de septiembre de 1993.

Angola, 1961-1994

1961: Se inicia la lucha armada contra la metrópoli, Portugal.
1974: Revolución de los Claveles en Lisboa. Portugal se apresura a renunciar a su imperio colonial.
1975 (13 de enero): Se firma un acuerdo entre los tres movimientos de liberación: el Frente Nacional de Liberación de Angola (FNLA), la Unión Nacional para la Independencia Total de Angola (UNITA) y el Movimiento Popular para la Liberación de Angola (MPLA), pero no tiene continuidad y comienza la guerra civil. El FMLA y UNITA apoyados por USA. El MPLA apoyado por la URSS.
1985 (julio): El Congreso americano levanta la enmienda Clark que prohibía, desde 1975, toda ayuda militar a UNITA.
1988 (22 de diciembre): Angola y Cuba firman un acuerdo sobre la retirada escalonada y completa de las tropas cubanas de territorio angoleño.
1991 (31 de mayo): Jonás Savimbi (UNITA) y José Eduardo Dos Santos (presidente de la República de Angola) firman un tratado de paz en el que se establece la futura celebración de elecciones libres para el mes de septiembre de 1992.
1992 (29-30 de septiembre): El MPLA vence en las elecciones legislativas y presidenciales. Savimbi (UNITA) relanza, en respuesta, la guerra civil. La Guardia Civil española armó y entrenó a los «ninjas», la policía de intervención especial que salvó al gobierno de José Eduardo Dos Santos cuando UNITA rechazó su derrota e inaugura los enfrentamientos.
1993 (15 de septiembre): Naciones Unidas, a través de la resolución 864 del Consejo de Seguridad, condena a UNITA como responsable de la reanudación de los enfrentamientos.
1994 (20 de noviembre): Se sella el acuerdo de paz de Lusanda (Zambia) firmado por UNITA y el gobierno de Angola. Jonás Savimbi permanece ausente y sobre el terreno prosiguen los enfrentamientos. La guerra queda congelada.
1995 (8 de febrero): El Consejo de Seguridad autoriza una operación de mantenimiento de la paz para un periodo de seis meses.

elegido en 1979. Su ascenso al poder supuso un viraje en la dirección de la política: el diálogo será sustituido por la búsqueda de la victoria militar. Tal como asegura Cortés López, se evoluciona hacia la «militarización» de la vida política y administrativa. El FNLA y UNITA se unen en un frente común desde 1981, y Suráfrica procede a invadir ya desde 1975 el sur de Angola como forma de ayudar a UNITA. Desde 1984 se desarrollaron conversaciones entre las partes, en las que participaron Cuba, Suráfrica y Estados Unidos.

El bienio 1990-1991 fue clave tanto para el MPLA como para UNITA, ya que se prepararon transformaciones organizativas. En Angola se admite el multipartidismo y se liberaliza la economía. En 1992 el país cambia su denominación por la de República de Angola. Pero se desencadenaría una segunda guerra civil ya que en las elecciones celebradas en noviembre de 1992 vence Dos Santos, hecho que no es aceptado por Savimbi, líder de UNITA, quien se lanza a una nueva guerra y pierde con ello legitimidad. Naciones Unidas, a través del Consejo de Seguridad y por la resolución 864, condena las acciones de UNITA, calificándola de responsable del reanudamiento de los combates. En junio de 1994 es amenazada con la adopción de sanciones comerciales si no se compromete a favorecer un armisticio. El 20 de noviembre se alcanza un acuerdo de paz en Lusaka ante delegados de 29 naciones. Se determina que UNITA cuente con cuatro carteras ministeriales y ocho viceministros. A Savimbi se le concedería la presidencia. Pero el líder de la organización permaneció ausente al mismo tiempo que sobre el terreno seguían llevándose a cabo enfrentamientos. Aun así, parecía que la guerra se había congelado.

1.7 Cabinda

La débil paz de Angola no ha llegado al enclave de Cabinda, una extensión de 7.270 kilómetros al norte de Angola, metida como una cuña desde el mar, entre el Congo y Zaire. Apenas rebasa los 300.000 habitantes, pero tiene una producción de 600.000 barriles de crudo diarios. Es el control de la extracción del petróleo lo que convierte a Cabinda en escenario de un conflicto armado desde 1975.

La guerra se desarrolla entre las Fuerzas Armadas angoleñas y dos guerrillas autóctonas: el Frente de Liberación de Cabinda-Fuerzas Armadas de Cabinda (FLC-FAC), liderado por Henriques Tiago Nzita, que opera en la selva de Mayombe; y el Frente de Liberación del Enclave de Cabinda-Renovado (FLEC-R), comandado por José Tiburcio Luemba, centrado al norte del río Chiloango.

Cabinda se presenta como un asunto delicado para el gobierno de Reconstrucción y Unidad Nacional de Angola. Las conversaciones de paz iniciadas en 1975 permanecen estancadas y las treguas pactadas nunca han sido efectivas.

El gobierno de Angola considera el enclave parte de su territorio y sus propuestas de paz pasan por la unidad estatal, la integridad territorial y la descentraliza-

ANGOLA Y CABINDA

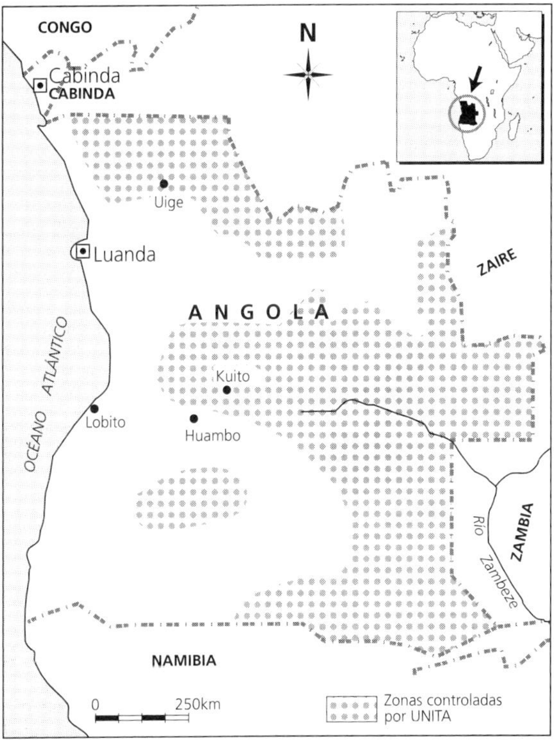

ción administrativa como única concesión a los independentistas. El gobierno de Luanda considera la cuestión de Cabinda como algo interno y no acepta la mediación internacional. Con estas premisas, nunca aceptadas por los guerrilleros, la paz está lejos.

Naciones Unidas, en su plan descolonizador, señalaba a Cabinda como el 39.º territorio por descolonizar, separándolo de Angola. Hasta la fecha se desconoce le número de muertos ocasionados directamente por el conflicto, aunque se sabe que hay 50.000 desplazados internos y 350.000 refugiados en la República del Congo y en el antiguo Zaire.

La riqueza petrolífera de este pequeño territorio es la causa de los oscuros intereses y luchas empresariales y políticas entre compañías occidentales, envenenando más el problema cabindés. Estados Unidos y Francia, los principales inversores, presionan al gobierno angoleño para que acabe con la guerra lo antes posible. Las petroleras norteamericanas Cabinda Golf Oil Corporation y Chevron han logrado desde 1991 una situación hegemónica, al llegar a un acuerdo con el gobierno de Dos Santos.

Por su parte, la empresa francesa ELF-Aquitania desarrolla una manera más indirecta de penetración. En 1992 compró el 10 % de las prospecciones en la zona a SONANGOL, la empresa estatal del petróleo angoleño. Asimismo, teniendo en cuenta que Gabón y su presidente Omar Bongo son los mediadores e interlocutores predilectos de Luanda, Francia los utiliza como punta de lanza de su estrategia de penetración e influencia en Cabinda y en toda África central.

1.7.1 Antecedentes

El litigio de Cabinda arranca con la referencia histórica al Tratado de Simulambuco, firmado el 1 de febrero de 1885. Ante la celebración de la Conferencia de Berlín (1884-1885), la monarquía cabindesa se sintió amenazada y temió que su territorio entrara en el reparto europeo. Por ello decidió firmar el señalado tratado con Portugal, poniéndose Cabinda bajo protección portuguesa, a la vez que éstos se comprometían a mantener la independencia e integridad territorial del país africano. Con el tiempo, Cabinda se convirtió en uno más de los territorios de ultramar de Portugal, reconocido así en su Constitución, siempre independiente de Angola. En 1956, una decisión arbitraria de Lisboa integró el enclave en la administración angoleña. No fue una fusión jurídicamente válida ni aceptada por los cabindeses. El comité descolonizador de Naciones Unidas así lo reconoció al considerarlo, en los años sesenta, como territorio a descolonizar.

Cuando Portugal abandonó Angola (1975), Cabinda pasó a depender del nuevo gobierno independiente. La guerra civil angoleña hizo olvidar que en este pequeño país se libraba otra por su autodeterminación.

1.8 Somalia

Somalia es actualmente en África, junto con Sudán, Liberia y la zona de los Grandes Lagos, el primordial escaparate bélico del Continente Negro. El desgobierno y la devastación están conduciendo al país al total aislamiento. El cataclismo somalí no se emboza en un manto religioso ni se disfraza con el color, la lengua, la etnicidad o la ideología. Sólo es la lucha entre clanes igualmente somalíes, musulmanes, negros y pobres que en sus enfrentamientos han enmohecido gradualmente una nación-estado trasplantada de Occidente, que se ha marchitado y ha dejado de existir, y donde impera la anarquía.

Los somalíes carecen de un gobierno y de unas instituciones que les guíen. Han evolucionado hacia la total descentralización, después de haber intentado «remendar» su nación ensayando la democracia, el marxismo, el socialismo y la dictadura militar. Las armas circulan libremente, a pesar de los embargos internacionales, y la dependencia alimenticia es cada vez mayor. Las conferencias fundadas en la esperanza de encontrar soluciones duraderas se han ido rompiendo sistemática y constantemente; las diferencias entre los distintos clanes perduran, e incluso se complican más si cabe con la aparición de nuevos subgrupos. El hambre y la cruel guerra civil se han agravado por los programas económicos de ajuste estructural. A pesar de las dificultades y los sufrimientos por los que ha atravesado el país, ciertos dirigentes, movidos por sus propias ambiciones personales, se niegan a favorecer la llegada de una paz duradera. El pueblo ha caído en las manos de los líderes de las facciones armadas.

El 27 de marzo de 1993, las facciones políticas más representativas acordaron formar un Consejo Nacional para la Transición (TNC) de 74 miembros, como la autoridad suprema del país, con el mandato de celebrar elecciones en el plazo de dos años. El TNC se compondría de tres representantes de cada una de las dieciocho regiones administrativas que integran el país, cinco representantes de Mogadiscio y un representante por cada facción política firmante del acuerdo. Pero el TNC fue suspendido en 1995 y no se ha producido progreso alguno a la hora de establecer un gobierno nacional.

La estructura de la sociedad en clanes continúa explorando en busca de una forma de manifestación que le permita levantar una disposición organizativa que alcance el reconocimiento o la categoría de Estado. Porque cabría preguntarse si los somalíes desean verdaderamente un estado-nación tal como Occidente lo entiende, o si en realidad buscan otra cosa. Según interpreta Abdi Jowhard [4], los adversarios de la «primera revolución» en África eran los colonizadores. Ahora, sumidos en la «segunda revolución», los enemigos son los «lavadores de cerebros», la elite corrupta de jefes militares y políticos farsantes. El panorama que se divisa como más posible y creíble es la repetición del callejón sin salida. Los clanes somalíes tienen la llave.

1.8.1 Antecedentes

El 1 de julio de 1960 la Somaliland inglesa (al norte) y la Somalia italiana (al sur) deciden constituir la República de Somalia. En su bandera, una estrella de cinco puntas simbolizaba la Gran Somalia, representando cada punta a Somaliland, Somalia, Yibuti, norte de Kenia y Ogadén (Etiopía), territorios que deberían integrarse a la nación que entonces se creaba. Los conflictos fronterizos alimentados por esta corriente fueron graves tanto con Kenia como con Etiopía. Los estigmas de una colonización tripartita (Reino Unido, Italia y Francia) han permanecido en la sociedad somalí y siguen siendo motivo de enfrentamientos.

En los años ochenta, durante la dictadura de Mohammed Siad Barre (iniciada el 21 de octubre de 1969, tras un golpe de Estado), y favorecido por la progresiva desintegración del régimen, nacen una serie de fuerzas de oposición que se expresan por medio de los siguientes grupos:

- El Congreso de Somalia Unificada, liderado por Faran Hassan, conocido por Aidid. El principal clan que lo integraba era el de los Hawieh, y actuaban por el centro.
- El Frente Democrático para la Salvación de Somalia, del clan Majartein, en el noroeste. Lo apoyaban Libia y Etiopía.
- El Movimiento Patriótico Somalí, en el sudeste. Creado por Omar Jess sobre la antigua base del ejército de Barre, constituida por los Ogadeni, que le abandonan posteriormente.
- El Movimiento Democrático Somalí, en el sudoeste.
- El Frente Unificado de Somalia, integrado por una facción de los Issaq, formación de más reducida entidad.

En mayo de 1991 los guerrilleros del Movimiento Nacional Somalí (creado en Londres en 1981 con el objetivo de derribar al ré-

[4] Abdi JOWHARD, «The second revolution», *The Horn of Africa Bulletin*, mayo de 1995, pág. 17.

gimen del general Barre) crean la República de Somaliland y nombran presidente a Ibraim Egal. Las luchas entre clanes a finales de dicho año ocasionan evidentes daños. Poco a poco se materializan dos líneas de actuación que se enfrentarán continuadamente: por un lado las fuerzas del general Aidid, al sur; por otro, el ala gubernamental, en el norte de Mogadiscio.

A lo largo de 1992 se alcanzaron dos alto el fuego. El pueblo, debilitado por el hambre, necesitaba de la ayuda internacional. Ésta fue la excusa aprovechada por Estados Unidos para intervenir: el 3 de diciembre el Consejo de Seguridad de Naciones Unidas da luz verde a la operación «devolver la esperanza» y tropas norteamericanas llegan a la capital. A principios de 1993 la ONU y la OUA organizan la «Conferencia de Reconciliación» y se crea, en marzo, el Consejo Nacional Provisional. Pero en junio, Aidid, en un ataque a Mogadiscio, ocasiona la muerte de 23 *cascos azules* paquistaníes. La ONU y Estados Unidos bombardearon ciertos lugares como respuesta. Aidid se alza como héroe nacional. A finales de 1994 eran ya veintiuna las facciones en lucha. En febrero de 1995 la ONU abandona Somalia sin dar solución alguna. Incertidumbre, carencia de interlocutores tanto nacionales como exteriores que traten de dar solución a tan dramática crisis. La sequía y el hambre son los elementos que presidirán el espinoso horizonte somalí.

1.9 Sudán

Desde 1983, la dictadura militar islámica prosigue una confrontación a muerte contra las guerrillas cristianas o animistas negras del sur. Se calcula que han fallecido ya 1,4 millones de personas. La interminable guerra civil ha sido interpretada como consecuencia ineludible de las diferencias que separan a dos partes: el norte, árabe y musulmán, frente al sur, cristiano y animista. Pero la homogeneidad no es la característica principal de cada una de las partes sino todo lo contrario, ya que ambas conviven con grupos étnicos y culturales variados. El verdadero problema no es el religioso sino la escisión política. El resultado de tan prolongada lucha está siendo desastroso tanto para las instituciones del país como para la población civil del norte y del sur.

La principal característica étnica de Sudán es su origen mixto: todavía se encuentra sujeto a significativas inmigraciones de grupos procedentes de Nigeria y Chad. En el sur, los nuer, los dinka y los shilluki son los pueblos más importantes. La cultura árabe, así como la lengua, predominan en el norte, incluyendo las provincias más pobladas y la capital, Jartum. El sur es predominantemente cristiano, con una cultura diferente. La religión del Estado es el islam.

Los abusos han sido perpetrados por todas las partes enfrentadas. El gobierno sudanés ha bombardeado indiscriminadamente poblaciones civiles del sur, ha reclutado menores para el ejército y ha sembrado el país de minas. La Asamblea General de Naciones Unidas denunció al régimen de Sudán por sus abusos. Pero también las guerrillas han cometido terribles violaciones. La organización African Rights publicó un detallado informe sobre la situación que se vive en las montañas nuba, donde el ejército ha atacado a la población civil habitante de una región a medio camino entre el norte y el sur y que siempre se ha caracterizado por su tolerancia religiosa. La religión ha sido nuevamente manipulada con fines políticos para crear un clima de amarga confusión. Grupos armados incontrolados se lanzan al pillaje y al asesinato. Destrucción de pueblos y desplazamientos de población en una acción que bien puede ser calificada de genocidio.

A mediados de 1995 había en torno a 510.000 sudaneses refugiados en países vecinos: 300.000 en Uganda, 110.000 en Zaire, 50.000 en Etiopía, 25.000 en Kenia y 25.000 en la República Centroafricana. Hay que sumar los desplazados en el interior, cifra

Sudán: cronología

1 de enero de 1956: Independencia. El proceso estuvo protagonizado por el norte islámico. El primer jefe de gobierno fue Islam Es El Azhri, del Partido Nacional de la Unión. Fue sustituido rápidamente por Abdalla Khalid.
Noviembre de 1958: Golpe militar de Ibrahim Abboud. Utilizó la represión para lograr la unión nacional.
1959: Campaña de islamización del sur: envío de 17.000 soldados para frenar a los disidentes.
1962: Creación del Frente de Liberación de Azania, transformado en 1963 en el Frente de Liberación Anya-Nya.
22 de octubre de 1964: Inauguración de la «Revolución de Octubre». Estudiantes de Jartum son asesinados en manifestaciones celebradas tras conferencias que intentaban analizar la situación del sur. Cae el gobierno. Se presenta un gobierno provisional dirigido por Khan Khalifa y se establece la Constitución de 1956. Khalifa elige un gobierno de unión nacional en el que participan cuatro sudistas.
1965: Se celebra la conferencia de los partidos sudaneses en la que participaron:
• *El Umma:* conservadores y comunistas; contra la autonomía o federalismo del sur.
• *La Unión Nacional Africana del Sudán (SANU):* solicitaba la plena autonomía con ejército, parlamento y gobierno propios para el sur. Su brazo armado era el Frente de Liberación Anya-Nya. Accede al poder Mohamed Mahgoub, quien destruyó lo realizado por su antecesor.
Mayo de 1969: Sube al poder el general Gaafar El Nimeriri, ayudado por los comunistas.
Junio de 1971: Golpe de Estado. Toma el poder Hachem El Atta. Proclamación de la República Democrática Independiente. El golpe fracasa gracias a la intervención de Libia y Egipto. Nimeiri es repuesto en su cargo.
Julio de 1976: Nueva intentona golpista en la que participan fuerzas de Gaddafi. Mueren 700 personas. Se firma un tratado defensivo con Egipto y Arabia Saudí.
1982: Agudización de la crisis económica: paro, inflación, corrupción, manifestaciones. Libia bombardea ciudades fronterizas sudanesas.
1983: Giro de la política de Nimeiri contra el sur manifestada en su intento por crear nuevas unidades administrativas. Se acentúan las peticiones y comienza la lucha. El Movimiento de Liberación del Pueblo Sudanés crea el Ejército de Liberación del Pueblo de Sudán (SPLA). Su objetivo: crear un Sudán unido y socialista, lograr la autonomía del sur y la libertad religiosa. Nimeiri impone la Charía (Ley Islámica).
1984: Adopción de costumbres islámicas por el Estado sudanés y desarrollo de métodos coactivos: lapidación, ahorcamiento o corte de manos. Pretende la implantación de la República Islámica.

que podría elevarse a 1,9 millones de personas.

El gobierno sudanés desarrolló un programa de «recolocación» a la fuerza como forma de represión política. Tal y como describe Médicos Sin Fronteras, hombres, mujeres y niños fueron ocultados y separados, a menudo retenidos en condiciones que recuerdan la de las prisiones. Los «pueblos pacíficos» creados por el gobierno son, en realidad, lugares de donde obtener mano de obra barata para los campos o granjas. Los derechos de los desplazados resultan difícilmente defendibles debido a las barreras levantadas por el propio gobierno a las organizaciones humanitarias, en un país donde se calcula que 1,3 millones de sudaneses necesitan con urgencia alimentos.

El 16 de marzo de 1994 la Unión Europea declaraba el embargo para las exportaciones de armas, municiones y equipos militares a Sudán, pero no fueron creados mecanismos de control que aseguren el cumplimiento.

Así, países como Francia continuaron manteniendo relaciones comerciales con compañías e instituciones semioficiales [5].

En los intentos de pacificación han participado intermediarios como Jimmy Carter, aprovechando un alto el fuego temporal en 1995, como intento de abrir vías para el diálogo. Además se han sucedido conferencias de paz patrocinadas por países africanos de la región, sin lograrse objetivo alguno.

Parece que la búsqueda de un diálogo que no llega podría ser la única salida hacia un futuro en paz para Sudán. Sin embargo, el contexto en el que se desarrollan los acontecimientos no es el idóneo para que el acercamiento entre las partes se produzca. Y es que el paso del tiempo ha puesto sobre la mesa conflictos de intereses que suponen un indestructible muro en la búsqueda de soluciones. Resulta imposible, a base de persuasión y diplomacia, evitar desplazamientos de población, abusos y luchas si el Estado y la fuerza militar están decididos a proseguir en una línea de actuación que viola los derechos de sus propios ciudadanos. Las organizaciones internacionales no pueden dar la espalda cuando existe evidencia clara de que se cometen violaciones sistemáticas.

Un primer paso sería lograr el respeto por ambas partes de las leyes de la guerra. Sin embargo, puede ser una tarea ardua y complicada cuando intervienen ejércitos no regulares o milicias sin cadenas de mando.

La disminución en la percepción de la amenaza y el miedo por parte de la población civil haría que se contuvieran los terribles desplazamientos de población. La comunidad internacional está obligada a abrir los ojos, si no quiere que su prolongación en el tiempo genere mayores desequilibrios y aumente la inestabilidad.

1.10 África subsahariana

1.10.1 Ruanda

Después de varios años, todavía siguen produciéndose enfrentamientos que impiden olvidar el horror de las imágenes de un pasado nada lejano: en cien días, 500.000 hombres, mujeres y niños murieron en las aniquilaciones que siguieron al derribo del avión del presidente ruandés, Juvenal Habyarimana. Un genocidio preparado tanto material como psicológicamente: miembros de las milicias fueron adiestrados (los interahamwe y los impuzamugambi), y en sus ataques eran acompañados por grupos de policías nacionales o de soldados. A través de la radio de las Mil Colinas, o «Radio Machete», se apelaba a la muerte, contribuyendo a uno de los más graves y mortales éxodos de la historia contemporánea. Un drama humano servido tanto por la Guardia Nacional y las milicias como por el Frente Patriótico Ruandés.

Las claves para interpretar el conflicto podrían ser de tres tipos: socio-económicas, étnico-culturales y políticas. El conflicto ruandés fue primordialmente una pugna política por el poder. El malestar del pueblo fue focalizado y dirigido contra un presunto enemigo con cuya desaparición se resolverían todos los males. Para ello era necesaria una «limpieza étnica» contra los tutsis. La muerte de Habyarimana fue el detonante que puso en funcionamiento la máquina del exterminio. Además, para los hutus radicales se acababa con la posibilidad de una apertura del país a la democratización tal como preconizaban los acuerdos de Arusha (1994).

La extrema densidad de población, el hambre y el desempleo generaban conflictividad social. Pero étnica y culturalmente no

[5] En octubre de 1994, Pax Christi publicaba un reportaje titulado «The French connection», en el que hablaba de la colaboración política, económica y militar que Francia estaba prestando al régimen de Jartum. Según el artículo, Francia habría facilitado el uso del territorio de la República Centroafricana y de Zaire como base para las acciones de unidades del ejército sudanés contra el SPLA (*The Horn of Africa Bulletin*, 1/95, pág. 25).

puede hablarse de diferencias extremas: hablan la misma lengua, el kinyarwanda, y poseen idénticas costumbres socio-culturales. Sin embargo, las disparidades económicas eran evidentes: los tutsis poseían, por lo general, un estatus social más elevado [6] y los conflictos entre ambos a lo largo del tiempo reforzaron la solidaridad intra-étnica, lo que ha sido aprovechado para incitar a los unos contra los otros.

A finales de 1994, casi un tercio de la población ruandesa se encontraba aún desplazada o refugiada. Alrededor de dos millones de personas habían huido de sus hogares. Campos de refugiados se abrieron en Burundi, Zaire, Tanzania y Uganda. El primer objetivo, al finalizar los enfrentamientos, fue la repatriación de los exiliados. En el verano de 1994, el FPR (compuesto por tutsis en su mayoría exiliados) tomó el poder en un país asolado por el genocidio. El FRP, de forma taimada, está vengándose del exterminio que sufrió, haciendo imposible la reconciliación y abriendo nuevos frentes de guerra. Las sentencias de muerte contra hutus, autores del genocidio, dictadas en 1998 en juicios con pocas garantías legales, son sal sobre heridas abiertas.

La situación es complicada en los territorios cercanos a las fronteras con Zaire y Burundi, y en zonas del norte, donde el enfrentamiento civil es una dramática realidad. La guerra está latente, y durante 1998 todo parece complicarse más por la inestabilidad de sus dos vecinos. Ruanda es un país a la deriva, una bomba étnica que estalla cíclicamente.

Durante 1995 las víctimas de la violencia fueron relativamente pocas. Pero la misión de observadores de los derechos humanos de Naciones Unidas confirma que el número se multiplicó por dos durante los primeros meses de 1996. Uno de los más destacados escollos con los que se encontró el nuevo gobierno del FPR presidido por Pasteur Bizimungu fue el problema de cómo impartir justicia en un país donde el aparato judicial había sido desde siempre el «olvidado» de la administración pública [7]. Se puso en funcionamiento un tribunal nacional, pero Ruanda realizó un llamamiento a la comunidad internacional en busca de ayuda. A finales de 1994, el Consejo de Seguridad estableció expresamente un tribunal para juzgar los crímenes acaecidos. Pero su mandato era limitado tanto en el espacio como en el tiempo. A finales de abril de 1995 no había dado comienzo el primer juicio. La Asamblea Nacional consideró la aprobación de una ley en la que se distingan diferentes condiciones o rangos de acusados, atendiendo al crimen cometido: desde quienes diseñaron el genocidio hasta los que cometieron pillajes, pasando por los ejecutores. La justicia debía poner fin a la impunidad, resultar competente, independiente e imparcial, sin que cause por ello la agudización y profundización de las heridas todavía existentes. Si la justicia fuera interpretada como venganza, la posibilidad de que los expatriados regresen se alejaría a causa del miedo. Pero tampoco debe ser demasiado liviana, ya que incitaría a represalias individuales. Hay ciertas zonas, como la región de Gikongoro, donde la situación resulta especialmente frágil.

Hasta finales de 1996, el principal peligro que hostigaba al gobierno de Kigali provenía de las infiltraciones violentas realizadas a través de la frontera entre Zaire y Ruanda por los milicianos interhahamwe y por las antiguas fuerzas armadas ruandesas instaladas en los campos de refugiados. Pero el desmantelamiento de los campos por los «rebeldes», ayudados por el Frente Patriótico Ruandés, modificó sustancialmente la situación, difuminándose el temor ante un posible ataque. Los refugiados, rehenes de quienes les prohibían regresar, comenzaron entonces el retorno a sus pueblos en Ruanda. El obje-

[6] La colonización belga favoreció la primacía tutsi sobre una mayoría de población hutu como mecanismo de control de la colonia.

[7] De los 659 jueces que había antes de 1992, únicamente 34 habían cursado los estudios superiores de Derecho; de los 84 fiscales, sólo 18 poseían el diploma acreditativo.

tivo pasa a centrarse en alcanzar la estabilidad interior y lograr la reconstrucción de un país traumatizado.

1.10.2 República Democrática del Congo

Los medios de comunicación describieron con bastante profusión la caída del dictador más antiguo de África, Mobuto Sese Seko, y la llegada al poder de su eterno enemigo, Laurent Kabila. El futuro del país sigue siendo incierto: el caos y la corrupción dejada por Mobuto gangrena todo y Kabila sólo ha mostrado reflejos que le asemejan más a su rival derrocado que a un moderno líder con aspiraciones democráticas y reconciliadoras.

Si la rápida guerra civil de 1997 se conoce bien, en el Congo perviven todavía conflictos agudos que conviene reseñar.

Las opacas tensiones internas sufren un proceso de agudización, sobre todo en la región de Kivu, al nordeste de Goma y Bukavu. Son mesetas caracterizadas por sus grandes riquezas, tanto por la fertilidad de sus suelos (consideradas el granero del país), como por el oro, colombo, tungsteno o tantalio de su subsuelo, así como por sus reservas de gas natural y petróleo. Y es allí donde los tutsis y hutus se reunieron a raíz de los movimientos migratorios.

Los enfrentamientos entre hutus y tutsis degeneraron en una auténtica depuración étnica. Los tutsis y las poblaciones autóctonas de hundes y nyangas fueron acosados por milicianos hutus siguiendo idéntica estrategia que en el interior de Ruanda. Los que fueron en 1994 responsables de las masacres, hutus extremistas fuertemente politizados, fortalecieron su control tanto sobre los refugiados como sobre las poblaciones del lugar y desde el principio se prepararon para la reconquista del país, convirtiéndose en el punto de partida de un nuevo conflicto bélico.

Ya en abril de 1995, en torno a treinta grupos armados de hutus se establecieron en la frontera oriental del Congo con Ruanda. Se efectuaron incursiones armadas con frecuencia creciente. Los grupos de riesgo eran los civiles sospechosos de ser cómplices, los que fueron testigos de las masacres, los agentes gubernamentales y los hutus que aceptaron colaborar con el nuevo gobierno. El incremento de las infiltraciones desde la R.D. del Congo deterioraron las relaciones entre dicho país y Ruanda, hasta llegar al enfrentamiento armado que provocó el masivo movimiento de refugiados que regresaban a Ruanda.

En Kivu la amenaza posee una doble vertiente: por un lado, los daños ecológicos derivados de la masiva llegada de los exiliados huidos de Ruanda; por otro, el incremento del recrudecimiento del ardor étnico, en una región considerada baluarte de la oposición al régimen de Mobutu. Los banyarwandas, de origen ruandés (hutus o tutsis) llegados en distintos momentos, no fueron nunca bien asimilados por la etnia local de los bahúndes. Pero la repentina oleada de huidos del genocidio complicó aún más la situación ya que, con el fin de instalarse definitivamente en el Congo, se aliaron con los hutus locales para luchar contra los tutsis zaireños: milicias de la zona llevaron a cabo ofensivas contra los pastores tutsis de Masisi (en Kivu del Norte), en colaboración con los milicianos hutus de los campos de refugiados, a su vez amparados por el propio ejército zaireño.

En Kivu del Sur la situación no se alejaba de la descrita: milicias locales coaligadas con el ejército del antiguo Zaire y cercanas a Mobutu pretendieron expulsar a los banyamulenyes (pastores tutsis), pero la resistencia opuesta por los movimientos rebeldes (en los que se integraron gran número de jóvenes) fue mayor que la desarrollada en Masisi. Armados incluso desde Kigali (Ruanda), y sostenidos también por Burundi, pasaron a la acción, mientras el presidente de la República intentaba rehabilitar su imagen internacionalmente, visitando otros países.

Estas rebeliones desatadas al este del Congo, aunque alentadas por los gobiernos de Kigali y de Bujumbura (Burundi), no son más que la lógica consecuencia de la debilidad del final de un régimen a la deriva, desmoronado bajo la presión de los bayamulenyes liderados por Kabila, y abandonado por sus «amigos» internacionales, especialmente por Estados Unidos.

Además, dentro del país se desarrollan pequeñas batallas locales que, sumadas, conforman un cuadro de verdadera guerra: en las provincias de Katanga y de Shaba (rica en cobre, cobalto, manganesio y uranio), grupos independentistas esperan el momento propicio para alzarse en lucha abierta; por otro lado se encuentra la guerra entre las distintas facciones militares: en diciembre de 1995 los guardias civiles y los militares se enfrentaron en Goma, ocasionando aproximadamente cincuenta muertos. Se vive un terrorismo de todos contra todos del que son las primeras víctimas las organizaciones no gubernamentales, que sufren continuos robos y detenciones arbitrarias.

El Congo se ahoga bajo un grado insostenible de corrupción y de degeneración, similar al que reina en Nigeria o en Somalia: decrecimiento económico, corrosión absoluta del sistema público, conflictos étnicos internos e incomunicación.

Aquí es posible que se esté jugando el futuro de la recomposición de toda el África central. Se trata de un Estado cinco veces mayor que España y que hace frontera con nueve países, por lo que el futuro acerca de su viabilidad no resulta baladí.

Las riquezas que poseen las zonas más afectadas por los enfrentamientos podrían convertirse en la explicación de las futuras injerencias de países extranjeros, que no estarían dispuestos a permitir que el control de sus recursos cayera en manos de «rebeldes incontrolados». EE UU, Francia y Suráfrica, bajo el papel de «mediadores», ya están presentes en las reuniones que diseñan el futuro del país y presionan sobre el presidente Kabila.

1.10.3 Burundi

El país se resquebraja desde las masacres de 1993. Los titulares de prensa durante el verano de 1996 hablaban de matanzas tanto de hutus como de tutsis, alertando sobre la peligrosa situación de la pequeña nación africana donde se mantiene un ritmo de mil asesinatos mensuales: limpieza étnica, movilizaciones de población, ataques contra personal de organizaciones humanitarias..., una estrategia genocida parecida a la ruandesa de 1994. Han muerto ya más de 150.000 personas en una guerra civil atroz en la que no se toman prisioneros sino que se ejecuta a los detenidos. Desde el 25 de julio de 1996, fecha en la que Pierre Buyoya (tutsi) da un golpe de Estado, la situación se encuentra en una engañosa calma bajo el nuevo régimen militar, implantado tras el derribo del gobierno de Sylvestre Ntibantunganya (hutu).

Los líderes de la región de los Grandes Lagos se mostraron reticentes a dar carta blanca a la estrategia de Buyoya, quien ya en 1987 se hizo con el poder mediante un golpe de Estado. Como protesta han decretado un embargo total que ahora constriñe el país: Tanzania y Kenia bloquearon el acceso al mar; Zaire cerró el paso hacia el lago Tanganica; Ruanda y Uganda levantaron barricadas. Todos han decidido prohibir que sea sobrevolado su territorio. El aislamiento del nuevo régimen se hace más elocuente con la decisión de huir del país de la mitad de los 200 funcionarios de Naciones Unidas. La decisión tomada en la Cumbre de Arusha (Tanzania) el 30 de julio de 1996 de desplegar 25.000 hombres en Burundi como medio de poner punto final a las masacres resultó vana debido a los escasos voluntarios reclutados en Zimbabue, Tanzania, Etiopía y Malaui.

La minoría tutsi (el 14 % de la población), marcada por el genocidio ruandés de 1994, teme ceder el poder a la mayoría hutu (el 85 % de la población), ya que «pondría en peligro su supervivencia como pueblo» desde su propia percepción. Y es que, al igual que en Ruanda, la explicación hay que buscarla en la historia. Las monarquías tutsis dominaron la región sirviendo como freno a los levantamientos tribales. Las diferencias culturales no existen entre ambas etnias. Tampoco puede decirse que exista homogeneidad dentro de cada grupo ya que los tutsis se encuentran divididos en himas, los originarios de la provincia de Bururi, al sudoeste, y banyarugurus, «los del norte», tradicionalmente la casta dominante. Pero la llegada de la colonización europea quebrantó definitivamente el frágil equilibrio favoreciendo a los tutsis sobre los hutus. Con la independencia en los años sesenta los tutsis se hacen con el poder, purgan al ejército de oficiales hutus y dominan la administración, la economía y la justicia. Ruanda y Burundi serán, a partir de este momento, la imagen inversa uno del otro. (En Ruanda triunfa la revolución hutu, basada en el factor étnico y que llegará hasta 1994, momento en que el FPR se hace con el poder.)

En 1993 la situación sufre un vuelco. En las primeras elecciones libres, el UPRONA, partido único durante más de treinta años, es derrotado por el FRODEBU (Frente para la Democracia en Burundi), considerado básicamente un partido hutu. Melchior Ndadaye constituye entonces un gobierno de unidad y nombra primer ministro a Sylvie Kinigi, un tutsi. Pero en octubre el presidente es asesinado. Los hutus se lanzan contra los tutsis, y el ejército, dominado por los tutsis, reacciona causando la muerte a numerosos civiles y obligando a desplazarse a cientos de miles de personas.

El terror ha presidido una situación dominada por los enfrentamientos entre las fuerzas de seguridad (ejército y gendarmería), en su 90 % tutsis, y que cuenta con unos 30.000 hombres, ayudados por dos milicias de jóvenes: los *sans échec* («los sin derrota»), y los *sans capote* («los sin condón», que violan a las mujeres antes de asesinarlas), contra las fuerzas para la defensa de la democracia, lideradas por Leonard Nyangoma y que agrupan a los hutus que actúan desde el exterior, ayudados por los intagohekas («los que nunca duermen») desde el interior. La divulgación del eslogan «el mejor enemigo es el enemigo muerto», a través de la radio, consolida el miedo y sirve de justificación para el odio.

Con una población de más de seis millones de habitantes sobre un territorio no más extenso que Galicia, la densidad de población es de 229 personas por kilómetro cuadrado (en España es de 75) en un país económicamente agrícola y ganadero y donde las tierras escasean. Políticos sin escrúpulos han descubierto en la cuestión étnica un medio para lograr sus propios intereses, y la guerra no ha dejado de alimentarse con los conflictos fronterizos, las crisis políticas, las masacres, la inseguridad y los desplazamientos de población. El golpe de Estado perpetrado por Buyoya no es más que un acto para añadir a la lista de desgracias que asolan una zona donde las fronteras no se dejan ver, al haber sido eliminadas por el caminar de miles de refugiados huyendo del país.

1.10.4 Centroáfrica

Las Fuerzas Armadas de la República Centroafricana viven en estado de agitación, que se manifiesta en continuas revueltas y enfrentamientos entre leales al gobierno y rebeldes y en la presencia de casi 2.000 soldados franceses que actúan de pacificadores o impositores de una calma ficticia.

En abril y mayo de 1995 se produjeron varias sublevaciones en diversas guarniciones al cundir el malestar por el impago de los sueldos a la tropa. El presidente Ange-Félix Patassé pidió ayuda a la antigua metrópoli. Francia respondió con el envío de 1.000 soldados y un crédito extraordinario. Aunque se pudo controlar el malestar y la sublevación no se extendió, algunos jefes militares se convirtieron en rebeldes que de vez en cuando emboscan a las tropas gubernamentales.

La situación ha ido deteriorándose, algo lógico en un país donde el 90 % de la población vive en la miseria. El número de militares sediciosos aumentó, sus actuaciones se hicieron más audaces y sus reivindicaciones más maximalistas: solicitaban un cambio de gobierno y reformas generales en la economía y el ejército. En noviembre de 1996 Francia se vio obligada a enviar más soldados y material pesado para «restablecer el orden». Pero los enfrentamientos violentos en Bangui, la capital, se cobraron una veintena de muertos en la primera semana de 1997.

1.10.5 República del Congo

El 5 de junio de 1997, el *otro* Congo se unió a sus vecinos centroafricanos en la dramática situación de país en guerra civil. Ese día estallaron los combates entre las tropas gubernamentales del presidente Pascal Lissouba y la milicia de los Cobras, leales a su antecesor, Denis Sassou Nguesso. La crisis se desencadenó cuando el gobierno ordenó el asalto de la residencia de Nguesso, líder de las Fuerzas Democráticas Unidas (FDU), el mismo día que anunciaba su candidatura a las elecciones presidenciales previstas para el 27 de julio.

Brazzaville, la capital, fue el escenario de los más duros combates. Unos mil soldados franceses lograron evacuar a los extranjeros, hacinados durante una semana en el aeropuerto, y ahora tratan de servir como intermediarios entre las facciones en lucha. Aunque de forma no declarada, también velan por los intereses franceses en el Congo: las explotaciones petrolíferas de la compañía Elf. (El país produce nueve millones de toneladas de crudo al año, el 34 % de su producto interior bruto.)

Finalmente, en octubre de 1997, con el apoyo de Angola y la ausencia de Estados Unidos y Francia, Sasu Ngueso se hizo con el poder. Pero los combates no terminaron y el desorden del país se une al caos político y militar de toda la franja centroafricana.

Ambos líderes han sido enemigos irreconciliables desde antaño. Nguesso, de formación marxista, fue presidente de la República Popular del Congo desde abril de 1979 hasta agosto de 1992, cuando fue derrotado en las urnas por Lissouba. A partir de entonces, Nguesso formó una oposición armada que con cierta asiduidad hostigaba a las tropas gubernamentales. Los más graves incidentes se registraron a finales de 1993 y principios de 1994, saldándose con más de 2.000 muertos.

1.11 Etiopía

Los dos países más pobres de África están enzarzados en una nueva guerra desde mayo de 1998. Los bombardeos de la aviación y los duelos artilleros causan numerosas víctimas entre la población civil, mucho más que entre las tropas. La lucha obedece a una vieja diferencia por el trazado de la frontera noroccidental entre los dos países, delimitada tras la guerra de 1993 por la que Eritrea logró la independencia y cerró la salida al Mar Rojo de Etiopía. Ninguno de los dos países ha reconocido aún los límites del otro, y las reivindicaciones mutuas han hecho frecuentes las escaramuzas militares. La zona disputada es un pedazo de desierto montañoso, apenas 400 kilómetros cuadrados, el denominado Triángulo de Yirga, que venía reclamando Eritrea de forma pacífica, hasta que el 12 de mayo de 1998 unidades de elite del ejército eritreo ocuparon diversas localidades de la zona.

Eritrea, unida a Etiopía por la colonización italiana, nunca se sintió parte del imperio etíope. Desde 1962 la guerrilla eritrea ayudó para derrocar, primero al emperador Hailé Selasié y, después, a su sucesor el coronel comunista Haile Mariam. Durante casi 30 años de guerra ninguno de los dos bandos enfrentados fue capaz de derrotar al otro. En 1993, tras la más larga guerra africana, un referéndum sancionó la independencia de Eritrea. Ni los yacimientos de petróleo ni las buenas producciones de café han podido evitar la miseria del nuevo país. Por su parte, Etiopía es una tierra que no ha podido salvar el maleficio de las hambrunas provocadas por largas sequías, ni reponerse a los años de colonización italiana ni a tres décadas de guerra civil.

2
LA ENCRUCIJADA DE ORIENTE PRÓXIMO

En opinión de Fernand Braudel, «Oriente Próximo constituye una de las más viejas, quizá la más vieja encrucijada de hombres y de pueblos civilizados existente en el mundo». Se muestran enfrentadas por una parte soberanías legítimas y por otra intereses creados. Según Martínez Montávez, «el mapa político de Oriente Próximo no está cerrado».

2.1 Arabia Saudí

A pesar de su inmovilismo, parece estar floreciendo un clima político diferente. El talante propicio a Occidente, subsistente mientras el rey Fahd controlaba el poder, se está transformando con su hermanastro, el príncipe heredero Abdullá, más próximo a la familia política árabe y deseoso de lograr su unificación después de que sufriera importantes fisuras con la guerra del Golfo. Este hecho se pone de manifiesto si se observa el empuje que están experimentando los grupos extremistas violentos en un país que era considerado lejano y salvaguardado de este tipo de movimientos [8].

En marzo de 1995 el rey Fahd declaraba a un diario kuwaití: «Nuestro país tiene una especificidad que debemos desarrollar, y el sistema de elecciones libres no le conviene. (...) Arabia Saudí representa al mundo musulmán. (...) El sistema democrático que predomina en el mundo no le conviene a nuestra región». Decapitaciones, injusticia, discriminación de las mujeres... ¿Por qué Occidente es tan indulgente con Arabia Saudí, una monarquía que desprecia la democracia y los derechos humanos? Cabe sospechar de la exclusiva preponderancia, del egoísmo económico y de que a Estados Unidos le favorecía que la situación se mantuviera. De hecho es el primer país exportador de petróleo del mundo, aliado fundamental de los norteamericanos en la región árabe y plataforma principal desde donde resulta fácil controlar las maniobras de Irak y de Irán por medio de los 5.000 soldados estadounidenses allí estacionados.

2.2 Irán

El país de Persépolis es el ilustre porfiador contra Arabia Saudí en la lucha por convertirse en líderes del mundo musulmán y protectores de los lugares santos del islam. Por ello, no ve con malos ojos la incipiente inestabilidad y violencia que se gesta en el reino de Arabia. Pero es, al mismo tiempo, el «necesario» contrincante de Washington en la región, junto con Saddam Husein. Bill Clinton no parece dispuesto a renunciar a su exclusividad en el «coto» del Golfo. En esta decisión son claves las razones económicas, ya que las importaciones norteamericanas de petróleo alcanzaron en 1996 los ocho millones de barriles/día, lo que supone el 55 % de sus necesidades, aparte de las decenas de millares de soldados americanos distribuidos por la región. Atendiendo a este contexto, resulta sencillo comprender el proyecto de ley dirigido a «prevenir la proliferación de las armas de destrucción masiva y de los actos de terrorismo inter-

[8] Ver FISK, R., «La guerra con Estados Unidos ha comenzado», en *El País* (10 de junio de 1996).

nacional» que el Congreso estadounidense se dispuso a votar bajo las presiones del *lobby* judío. Dicha ley pretendía que aquellas sociedades que inviertan más de 40 millones de dólares en incentivar las industrias petrolíferas y del gas iraníes sean castigadas mediante medidas de retorsión. La respuesta internacional no se hizo esperar. Para Estados Unidos, Irán aparece como el enemigo con el que justificar ante los demás dirigentes de la zona los despliegues militares norteamericanos. Y en este mismo «programa» de mantenimiento de intereses creados se inscribirían las intervenciones militares contra Saddam Husein.

2.3 Irak

Sufre desde 1991 el embargo internacional impuesto tras la guerra del Golfo, lo que supone una verdadera tortura para un pueblo cada vez más empobrecido, donde mueren diez mil niños al mes. Tras prolongadas negociaciones con la ONU, se llegó a un acuerdo acerca de la aplicación de la resolución 986. Pero la intransigencia norteamericana no tenía fisuras y exigía antes que Irak procediera al desarme impuesto por la ONU, restituyera lo robado a Kuwait, pusiera fin al respaldo del terrorismo y mejorara la situación humanitaria. Si Irak representa una amenaza tan real para la región, ¿por qué no se ha puesto fin al régimen de Saddam? Quizá la respuesta esté en el aislacionismo en aumento de Estados Unidos, acosado por sus propias dificultades tanto económicas como sociales, de carácter interno, donde la opinión pública se manifiesta hostil a cualquier aventura internacional, más preocupada por su situación social. Según Robert Saltoff, director ejecutivo del Washington Institute for Near East Policy, dos son los pilares que se mantienen firmes en la política norteamericana hacia Oriente Próximo: la supervivencia de Israel y el acceso al petróleo y al gas a un precio razonable.

El contexto regional del Cercano Oriente se transformó enormemente durante los años 1994-1995:

— Jordania e Israel se aproximaron, aumentando las esperanzas de llegar al arreglo de la situación de los palestinos en Jordania.
— Se ha robustecido la posición de Siria, más cercana a Egipto y a Arabia Saudí.
— Parece variar el poder político en Arabia Saudí.
— Han disminuido las relaciones entre Egipto e Israel.

Los elementos que nutren la propia situación interna de los países de la zona son al mismo tiempo contrarios y anacrónicos y pueden convertirse en mecha de conflictos larvados que esperan la ocasión para manifestarse abierta y violentamente. Si el impulso y el crecimiento del país siguen retrasándose, el futuro que se abre seguirá caracterizándose por su falta de estabilidad y por el aumento constante de los enfrentamientos y de la violencia. En un mundo cada día más interrelacionado, Occidente no puede seguir fundamentando sus actuaciones en sus propios y particulares intereses, interviniendo en algunas ocasiones o permaneciendo impasible en otras, aunque solamente sea por su propio egoísmo. La manera occidental de acercarse a las riquezas petrolíferas es responsable no sólo de la situación en Irak, sino también del estancamiento de la coyuntura de una zona en la que el diálogo no progresa y donde pervive una política dual, para que entre las fronteras Irán-Irak continúen los problemas y la desestabilización como justificación del intervencionismo militar.

2.4 Bahrein

La escalada de agitación ha ido en aumento desde que comenzaran las protestas generalizadas de reivindicación de la restauración de los derechos democráticos en diciembre de 1994.

Entre diciembre de 1994 y julio de 1995 fueron arrestadas aproximadamente 4.000 personas entre las que había mujeres y niños

BAHREIN

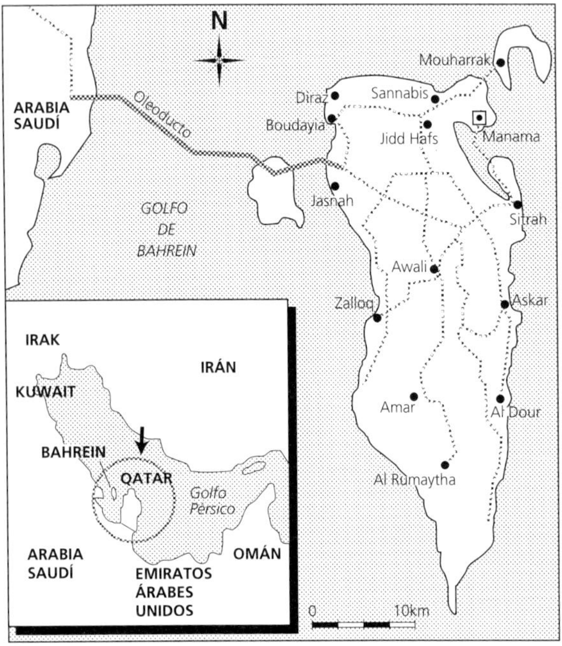

de no más de diez años, la mayoría musulmanes chiítas. Se denunció la existencia de personas recluidas por motivos políticos que fueron sometidas a torturas. Además se disolvieron violentamente manifestaciones pacíficas.

Se ha querido ver en la crisis de Bahrein un enfrentamiento de carácter religioso entre sunnitas (minoría) y la mayoría chiíta. Pero realmente la situación requiere una explicación más profunda. Se trata más bien de una nación que tiene que hacer frente al problema de adaptar las condiciones de la nueva vida de estas peculiares sociedades a la coyuntura y circunstancias del mundo moderno. Pero al mismo tiempo puede hablarse de una serie de elementos que acentúan e intensifican las divisiones confesionales:

1.° Las bases económicas y de clases que perviven en la sociedad.
2.° La reacción que provocó en 1979 la revolución de Irán, agitadora de un mayor activismo político chiíta en Bahrein, como ocurrió en toda la región.

La revolución iraní proporcionó al gobierno de Bahrein la excusa para dar vía libre a sus ideales más antidemocráticos, y el régimen acabó con las fuerzas de oposición civil (Frente Popular y Frente de Liberación Nacional). Su lugar fue ocupado por grupos de ideología chiíta, como el Frente Islámico de Liberación de Bahrein.

Pero dos importantes hechos internacionales condicionaron de nuevo la evolución de la oposición al régimen: la guerra del Golfo y la caída del imperio soviético; los liberales (principalmente profesores y hombres de negocios) han replanteado las más importantes cuestiones en la lucha por la democracia: elecciones y parlamento. Pretenden que sea restaurada la constitución de 1973, piden que sean puestos en libertad los prisioneros políticos y solicitan reformas al gobierno dominado por la minoría suní. ¿Qué subyace tras estas peticiones? Seguramente el control de los recursos, así como la repartición de las riquezas.

El problema principal para los chiítas más pobres es el empleo y la discriminación. Para los comerciantes y hombres de negocios sería imprescindible lograr una mayor transparencia en el presupuesto estatal. Todo ello sin que sea visiblemente importante que las peticiones provengan de sunnitas o de chiítas, sino más bien dando preferencia a su identidad de ciudadanos bahreiníes.

El régimen de Bahrein logró un incondicional respaldo de los emires de la región al negarse a entablar negociaciones acerca de su marco constitucional con las fuerzas de oposición. Acusó a Irán de preparar un complot para lograr el derrocamiento del régimen. Pero la acusación de que Hezbolah está detrás de las agitaciones no es nueva. Ha sido fundamentada sobre la base de una serie de «confesiones» conseguidas a lo largo de varias semanas durante las cuales los detenidos no pudieron mantener comunicación con sus abogados. Todo parece indicar que el gobierno explotó las «confesiones» en el estilo propio de un régimen absolutista. Se ve ampliamente respaldado por el consejo de cooperación del Golfo, compuesto por Arabia Saudí, Kuwait, Qatar, Omán y Emiratos Árabes Unidos, y del que es también miembro Bahrein. El poder se muestra a todas luces intransigente, lo que aleja cada vez más la posibilidad de un acuerdo de carácter político negociado que suponga garantía de tolerancia, democracia y representatividad. Más bien resulta portador de mayor violencia para el futuro.

Bahrein, a 25 km de la rica provincia petrolífera oriental de Arabia Saudí, es la isla más importante, con 580 km^2. Protectorado británico hasta 1971, se instaló en él el primer centro de producción de petróleo de la península Arábiga (en 1932), así como una gran refinería durante los años treinta. Centro histórico de intercambios comerciales, sirvió durante muchos años de base aérea para los británicos y naval para los norteamericanos.

La población nativa se compone casi en su totalidad de musulmanes chiítas. Tras los años veinte, y con el crecimiento de las industrias petrolíferas, se produjo un enriquecimiento de la población de la isla debido a la llegada de trabajadores venidos del subcontinente indio, así como de los países árabes, Reino Unido y Estados Unidos. Durante los años setenta-ochenta el auge del petróleo generó la llegada masiva de mano de obra. Hoy puede hablarse de la existencia de una estructura de clases diferenciada, como consecuencia del desarrollo industrial, los servicios y el comercio.

En 1783, en un amplio movimiento de tribus provenientes del Nechd (Arabia Saudí), se produjo la conquista de la isla por la dinastía de El Jalifa. Supuso el fin de dos siglos de dominación persa y la imposición de una superestructura de carácter tribal de origen arabo-sunnita que marcó hasta la actualidad el sistema político del país. Así, los más altos cargos de poder, fuerzas armadas y servicios de seguridad se encontrarán en manos de la dinastía El Jalifa y familias allegadas, todas sunnitas.

Bahrein puede incluirse dentro del grupo de monarquías autoritarias y conservadoras en las que predomina la ley religiosa y la legitimidad tradicional, como son Kuwait, Arabia Saudí, Omán, Qatar o los Emiratos Árabes Unidos.

Políticamente es posible establecer una división clara:

– Por un lado, la familia reinante y sus aliados, que detenta el poder en el más amplio sentido de la palabra.
– Por otro lado, un número cada vez mayor de ciudadanos que se ha convertido en fuerza de oposición civil.

2.5 Las islas Hanish

A finales de 1995 comenzaron a aparecer en la prensa española noticias acerca de una serie de enfrentamientos entre Eritrea y

ISLAS HANISH

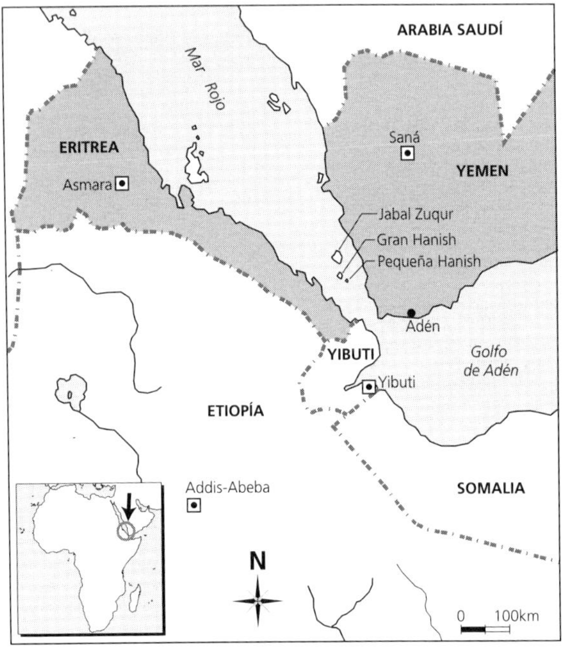

Yemen en torno a un conjunto de islas situadas en el mar Rojo. Durante los días 15, 16 y 17 de diciembre estallaron violentos combates en los que participaron la aviación del Yemen y la marina de ambos países. Los combates deterioraron seriamente la situación.

A pesar de ser no más de 200 km² de rocas volcánicas emergidas, las islas Hanish se encuentran localizadas en el mar Rojo, una de las más importantes vías de tráfico marítimo mundial. Pero hay además otras razones que las hacen atractivas:

– Varias empresas petrolíferas, como Mobil o Total, han logrado conseguir permisos para explotar pozos tanto en Eritrea como en Yemen.
– Están rodeadas de aguas ricas en pesca, protegidas desde hace muchos años.
– Su potencial turístico no es desdeñable ya que poseen aguas sin contaminación, y sol que ilumina sus costas.

Todo ello proporcionaría enormes cantidades de divisas, explotando un turismo de lujo destinado a los ricos emiratos del Golfo.

2.5.1 Antecedentes

Se trata de tres islas situadas a medio camino entre Eritrea y Yemen: Gran Hanish, Pequeña Hanish y Jabal Zuqur, que controlan una zona de gran tráfico marítimo internacional en el norte del estrecho de Bab el Madeb, entre el mar Rojo y el golfo de Adén.

A finales del siglo XIX el Reino Unido e Italia se apropiaron de las islas, pero sin acompañarlo de las reivindicaciones propias de una ocupación efectiva.

En julio de 1923 se celebró la conferencia de Lausana, en la que se concretó el futuro de los antiguos territorios del imperio otomano. Pero la armonía no reinó entre italianos e ingleses, y dicho tratado únicamente preveía la renuncia de Turquía a cualquier derecho sobre las islas. Para solucionar la cuestión se planteó la posibilidad de crear una comisión que en realidad nunca llegó a existir.

A lo largo de los años la controversia sobre la nacionalidad de las Hanish ha sido recordada de manera manifiesta en todos y cada uno de los tratados internacionales de carácter marítimo en que dichas islas se vieran afectadas (1930, 1938, 1962), y los países vecinos Yemen y Eritrea han reivindicado sus derechos.

El Reino Unido puso punto final a su presencia colonial en Yemen en 1967. La situación a partir de entonces se complica debido a la existencia de dos Yemen, hasta la unificación en mayo de 1990. Pero desde que los italianos las abandonaran no hubo ninguna presencia estatal sobre las Hanish, que fueron utilizadas tanto por Yemen como por Eritrea. El conflicto armado que se produjo en diciembre de 1995 pone de manifiesto la excesiva precariedad de la situación en la región.

Los combates producidos han hecho mella en las relaciones entre ambos países. Los yemenitas aseguran que Eritrea atacó sin previo aviso. El gobierno de Asmara afirmó que su respuesta militar fue posterior a los numerosos bombardeos del Yemen. Los contactos directos entre ambas naciones se suspendieron y no han podido llevarse a cabo negociaciones para la demarcación de las fronteras. Ante tal situación se hace necesaria la intermediación. Pero el problema surge a la hora de establecer quién debe desempeñar tal papel.

La Liga Árabe se ha manifestado abiertamente en favor del Yemen, a pesar de que la mayor parte de los Estados que la integran eligieron posteriormente una neutralidad más prudente. Ello la ha situado fuera del campo de los posibles intermediarios ya que no sería aceptada por Eritrea.

La Organización para la Unidad Africana (OUA) se acerca a la posición de Eritrea, aunque no se muestra favorable a un futuro conflicto «árabe-africano».

Arabia Saudí tiene planteados conflictos fronterizos con Yemen por lo que las relaciones entre ambos países no parecen ser demasiado cordiales.

Etiopía y Egipto mantienen lazos amistosos tanto con Yemen como con Eritrea. Presentaron sus buenos oficios, pero no han tenido continuidad.

Estados Unidos ha rechazado desempeñar cualquier papel activo en el asunto.

Francia fue el país propuesto por Boutros Ghali como mediador en el conflicto. Pero no puede hablarse de la existencia de igualdad en las relaciones del país galo con cada una de ellas.

La pregunta que surge es si debe considerarse sólo Hanish el Kebir o el archipiélago en su conjunto. En febrero de 1996 se planteó que se abarcara toda la zona comprendida entre las latitudes 13° 10′ y 16° 5′, zona marítima que se extiende desde el archipiélago de las Dahlak hasta la bahía de Assab. Pero no se llegó a un acuerdo. Se ha renunciado a la definición de la zona que ha de someterse a arbitraje, de forma que sea fijado por un tribunal integrado por tres árbitros elegidos tanto por Yemen como por Eritrea.

Puede decirse que permanecen los riesgos de una confrontación armada y la duración de las negociaciones puede convertirse en una fuente de riesgos. Tanto Eritrea como Yemen han comenzado a comprar armas, y en Saná el partido fundamentalista Islah ha hecho llamamientos a la movilización para la liberalización de las Hanish.

Para la región es imprescindible que se logre la estabilidad y la solidez como base para alcanzar un mayor desarrollo desde el punto de vista económico. De ahí el deseo de una solución rápida y el apoyo de todos los países vecinos a una mediación francesa (a excepción de Sudán). Pero parece que todavía queda lejos la consecución de un acuerdo que permita dilucidar la cuestión.

2.6 Kurdistán

Los kurdos constituyen en la actualidad el «otro» gran rompecabezas de Oriente Próximo. ¿Cuáles son los orígenes históricos de un pueblo dividido entre cinco Estados? ¿Cómo se definen los términos del problema? ¿Qué reivindican los kurdos, el mayor pueblo del mundo sin Estado propio?

Al hablar de pueblos sin Estado viene a la mente el caso palestino. Pero si sustituimos a palestinos por kurdos, al PKK por la OLP y añadimos malos tratos, escuadrones de la muerte, armas químicas, bombardeos de pueblos y aldeas de manera sistemática, torturas..., podremos tener una idea clara sobre lo que le está ocurriendo en la actualidad al pueblo kurdo, una de las cuestiones para la paz y la estabilidad de la región. La historia kurda del siglo XX es ciertamente la historia de una contienda que no cesa, que se desenvuelve en un contexto geopolítico adverso para los kurdos, los «desarraigados de la historia».

El mundo kurdo representa en la actualidad una población de más de 31 millones de habitantes. De ellos, en torno a 22 millones viven en el mismo Kurdistán, territorio de unos 550.000 km^2, formado por un enredado sistema montañoso y elevadas planicies. Permanece desmembrada entre cinco Estados: el norte de Siria, el norte de Irak, el sudeste de Turquía, el noroeste de Irán y el sudoeste de Armenia y Azerbaiyán.

La religión más profesada es la musulmana en su vertiente sunnita, pero también se dan otros cultos, cristianos o animistas. Su lengua pertenece a la familia indoeuropea, sin correspondencia alguna con las lenguas árabe o turca. Se compone de dos dialectos: en el sur, el sorani, y en el norte, el kermandi, extendido por Irak y el Kurdistán de Turquía.

No son despreciables en absoluto sus fuentes de riqueza, considerada la mayor reserva mundial petrolífera e hidráulica, así como agrícola y laboral.

Los medios de comunicación han planteado en gran número de ocasiones la cuestión kurda como un problema de minorías, de derechos humanos. Pero en realidad no es así; los kurdos se sienten una nación con derechos propios y plenos, aunque desgarrada. La conciencia de ello no es únicamente propia de los kurdos sino que es algo sabido por los Estados que se reparten su territorio.

¿Por qué nunca llegó a ver la luz como Estado? No es simple dar respuesta a tal cuestión, aunque, como en tantas otras ocasiones, hay que buscarla en la historia. Puede decirse que parte de la responsabilidad se la reparten dos grandes potencias coloniales que dibujaron el mapa de la región atendiendo a sus particulares intereses: Francia y Gran Bretaña. Pero también es básica la responsabilidad de la propia sociedad kurda de la época y más concretamente de sus clases dirigentes.

El general turco Mustafá Kemal prometió la creación de un Estado musulmán de los turcos y de los kurdos y éstos le ofrecieron su ayuda. Pero Kemal olvidó sus promesas, disolviendo la Asamblea Nacional, cerrando las escuelas kurdas y prohibiendo el desarrollo de su cultura.

En 1995 los kurdos de Irak se manifiestan favorables a la constitución de un Estado kurdo independiente al ser consultados por la Sociedad de Naciones. Pero la Organización decide incorporar este territorio rico en petróleo a Irak a petición de Gran Bretaña; Francia y Estados Unidos recibirán respectivamente cada una un 23,75 % de las acciones de la Turkish Petroleum Co (posteriormente Iraq Petroleum Co), que explotaba los yacimientos situados en el Kurdistán.

El 20 de octubre de 1923 Francia adscribe a Siria las provincias kurdas de Djerireh y de Kurd Daghj. Al mismo tiempo Irán hacía frente al movimiento independentista kurdo. A finales de 1925 estaba ya completada la partición del Kurdistán entre los nuevos Estados de Oriente Próximo.

2.6.1 Los kurdos en otros países

En Irán se suponen en torno a ocho millones de kurdos, lo que supondría el 17 % de la población total del país. Los enfrentamientos entre el poder central y el movimiento autonomista kurdo han sido frecuentes. Debido a la carencia de diafanidad de la sociedad de Irán, se carece de información precisa, pero sí es conocida la emigración rural desarrollada en dirección a ciudades kurdas.

Dentro de Siria se crearon comunidades densas en los distritos próximos al Kurdistán turco. Se calcula su número en un millón y medio de personas.

Las repúblicas del Cáucaso cuentan también con población kurda. En época de la URSS se calculaba una cifra de 500.000, pero, desaparecido el imperio soviético, se carece de datos fiables sobre dichas comunidades, que aparecen diseminadas principalmente por las repúblicas de Armenia, Azerbaiyán, Georgia, Turkmenia, Kirguiria y Kazajastán.

En Irak los kurdos conforman aproximadamente el 30 % del total de la población. Puede hablarse de unos 5,2 millones de kurdos que se distribuyen de la siguiente manera: 4 millones en el Kurdistán, 500.000 en la capital iraquí, Bagdad, y el resto en otras regiones administradas por Irak.

Turquía posee la mayor población kurda, que según fuentes alcanza cifras entre 18 y 20 millones de habitantes. A partir del año 2025 los kurdos podrían llegar a ser mayoritarios en Turquía a tenor de las tasas de crecimiento demográfico presentadas por el instituto de estadística del Estado turco (1989). Según el censo de población de 1990, la población kurda de Anatolia del este y del sudeste alcanzaba la cifra de 9.704.488 habitantes. En Estambul había 2,5 millones de kurdos, convirtiéndose en la más grande ciudad kurda del mundo.

Buceando en el interior de estas naciones, los kurdos han intentado alcanzar el respeto de los derechos que les son propios. Leales a su autenticidad, rehúsan fusionarse con las sociedades turca, árabe o iraní. Son los débiles en una lucha en la que el fuerte intenta la imposición de su proyecto, utilizando como instrumento la represión. Los kurdos, carentes de medios, se defienden utilizando la lucha armada contra sociedades lejanas a la democracia. La lucha aún se hace más desigual si observamos la carencia de concordancia e incluso de un ámbito político común o general entre los diversos kurdistanes.

2.6.2 Los kurdos en Irak

Para la metrópoli, que seguirá neocolonizando económicamente la zona, Irak era inviable sin las riquezas petrolíferas y agrícolas del Kurdistán. La intervención británica era necesaria para ayudar al monarca Faisal a reprimir las revueltas. Consiguió silenciar a los kurdos durante treinta años, a pesar del mandato de la Sociedad de Naciones reconociendo el derecho a la independencia de la provincia de Mosul. En 1958 Faisal es destituido por el general Qassim, asesinado en 1963, año en que se produce el primer golpe de Estado del Partido del Resurgimiento Árabe (BAAS) y accede al poder Arif. Después de numerosos golpes de Estado, a finales de los años setenta sube al poder Saddam Husein.

A pesar de los diversos cambios de gobierno, la posición que han adoptado respecto a la problemática kurda ha sido la misma. Parece haberse generado un proceso de carácter constante y repetitivo tanto en el desarrollo de los hechos como en los intentos de solución de las crisis: el grupo político iraquí que ansía el poder promueve diálogos con los dirigentes kurdos con el propósito de conseguir el respaldo de sus organizaciones y al mismo tiempo, el apoyo del territorio bajo el que ejerce su control. Afianzada su autoridad, se vuelven contra ellos para asegurar la integridad territorial del Estado iraquí y garantizarse el control de los recursos y riquezas. Se inician a continuación fuertes campañas militares siempre frenadas por las montañas del Kurdistán y se prosigue con nuevas negociaciones que nunca tienen fin.

El 21 de mayo de 1996 el Consejo de Seguridad aprueba la resolución 986. Permitía a Irak exportar petróleo por valor de 2.000 millones de dólares por semestre para adquirir alimentos y medicinas. De ellos se le obliga a destinar a los kurdos 300 millones. Suponía el parcial levantamiento de un embargo decretado en 1990. Pero la disposición fue paralizada después de que Saddam Husein atacara a los kurdos del norte, violando la zona de exclusión, en septiembre de 1996. El PDK de Masud Barzani solicitó la ayuda de Irak en su lucha por el control del territorio contra el UPK de Jalal Talabani.

Estados Unidos decide tomar parte argumentando que «Saddam maltrata a su pueblo». Pero las razones que han movido realmente a Washington a intervenir militarmente posiblemente son dos: de *realpolitik* en lo estructural y de política interior en lo coyuntural. Durante la segunda guerra del Golfo de 1990-1991, Saddam fue derrotado militar pero no políticamente. Esta nueva intervención fue útil para afianzar su situación en la zona desde el punto de vista estratégico frente a las aspiraciones de Arabia Saudí o los emiratos del Golfo, donde una abstención de Estados Unidos habría sido interpretada como un repliegue que dejara vía libre para que otra potencia regional ocupara su lugar. Desde un punto de vista coyuntural, en plenas elecciones presidenciales, Bill Clinton no podía dejar pasar la ocasión de que un enemigo se le pusiera a tiro. Durante el conflicto pérsico anterior, George Bush encontró en él una excelente baza electoral. Los rendimientos electorales estaban servidos.

La justificación esgrimida por la Casa Blanca parece un sarcasmo. ¿Por qué no se obró de igual manera cuando Irak gaseó al pueblo y le negó el sustento vital? ¿Por qué no se reaccionó contra Turquía? La vileza moral parece ser selectiva. Antes de lanzar los misiles contra Irak, Estados Unidos mantuvo contactos con sus principales aliados en la zona: Egipto, Arabia Saudí, Bahrein, Israel y Siria, todos ellos países cuyo respeto de los derechos humanos es enormemente cuestionable.

Las relaciones entre los protagonistas del conflicto aparecen caracterizadas por la temporalidad y la conveniencia: el PDK se ha mostrado cercano a Irak y enfrentado a Irán, pero al mismo tiempo ha protegido al Partido de los Trabajadores Kurdos (PKK) del Kurdistán turco, liderado por Abdulá Ocalan y sostenido por Siria, que odia a Saddam Husein y que mantiene buenas relaciones con Irán. Por otro lado, el UPK es al mismo tiempo socio de Estados Unidos y de Irak. La incongruencia de la situación resulta manifiesta.

¿Por qué accede a participar Saddam? Es otra de las grandes preguntas, y de nuevo es posible encontrar dos motivaciones. Internamente, la seguridad del régimen se tambalea en un país asolado por el hambre y el aislamiento; parecía gestarse un momento propicio para un intento de derrocamiento del régimen y era necesario conseguir un triunfo ante los ojos del pueblo. Por otro lado, la incursión buscaba posibilitar el tránsito del petróleo a lo largo del oleoducto que, por tierras kurdas, llega hasta Turquía y que se hacía depender de la voluntad arbitraria de los kurdos en un momento crucial, debido al levantamiento parcial del embargo. Lo que el dirigente iraquí ha conseguido no es poco si advertimos la reacción árabe de solidaridad (el Consejo de Cooperación del Golfo no ha aplaudido unánimemente la actuación norteamericana) y el distanciamiento de países como Francia, Italia, Rusia, China, India, Irán, Siria y Jordania respecto a Estados Unidos. Por otra parte, el acuerdo «petróleo por alimentos» quedó en suspenso, se amplió el espacio de exclusión aérea y la ONU decidió mantener las sanciones económicas impuestas con motivo de la invasión de Kuwait.

La intervención ha pretendido encubrir la carencia de un auténtico y positivo diseño político para la región donde resulta más favorable conservar un Irak desfalleciente y endeble, aunque no desintegrado, capaz de ejercer de antítesis y barrera al integrismo iraní. Las relaciones políticas tanto entre los kurdos como entre ellos y los países que los circundan siguen siendo serpenteantes, y no parece que vaya a ser, en un futuro, de otra forma. Prueba de ello es el distanciamiento que ya está produciéndose entre el PDK e Irak y el acercamiento de Barzani a Washington y a Turquía, que ha comenzado a solicitar del PDK ayuda en la lucha contra un PKK hasta ahora protegido por Barzani.

La Liga Árabe se muestra dividida y confusa entre el riesgo que supone la nueva publicidad de Saddam Husein y los confusos intereses occidentales. La integridad territorial de Irak parece asegurada, pues una alteración sería el germen de convulsiones más graves que las producidas hasta ahora. Pero el incremento de las tensiones es más que previsible.

Durante la guerra fría, el dirigente iraquí procedió a la nacionalización del petróleo protegido por la Unión Soviética, lo que le permitió llegar a convertirse en una importante potencia tanto económica como militar. Y se aseguró la imposibilidad de un futuro respaldo soviético al movimiento kurdo.

En 1974 Irak firma el acuerdo de Argel con Irán. Su finalidad: incapacitar los anhelos kurdos de autonomía y autogobierno. En septiembre de 1980 estalla la guerra Irán-Irak: el Kurdistán se convierte en escenario de los enfrentamientos al encontrarse entre las fronteras de ambos países. Consecuencia inmedita fueron los masivos desplazamientos de población.

Los kurdos del norte, tanto de Irak como de Irán, consiguieron el control de sus respectivos territorios gracias a que ambos regímenes volcaron sus esfuerzos en la guerra que los enfrentaba. Pero al finalizar ésta, Saddam Husein, incapaz de frenar a las guerrillas kurdas, lanzó una ofensiva. La catástrofe se consumó el 17 de marzo de 1988, fecha del lanzamiento de armas químicas. Más de 4.500 aldeas fueron arrasadas, se abrieron campos de internamiento y desaparecieron miles de civiles. Cien mil personas cruzaron la frontera en un intento desesperado de huir del horror hacia Turquía. Todo ante el silencio de la opinión pública mundial.

El éxodo de civiles kurdos volvió a vivirse finalizada la segunda guerra del Golfo de 1990, con la represión iraquí de la sublevación popular, aunque en esta ocasión los aliados pusieron en marcha la operación Provide Confort y se establece una zona de protección por encima del paralelo 36. Estados Unidos, Reino Unido y Francia mantienen desde 1991, fecha en que se firma el armisticio aprobado por el Consejo de Seguridad de Naciones Unidas, una zona de exclusión aérea y terrestre. Se inicia la distribución de ayuda humanitaria basada en un memorándum de entendimiento.

Bagdad ha sostenido desde entonces que la imposición de una zona de exclusión sobre suelo iraquí (tanto al norte del paralelo 36 como al sur del paralelo 32, para proteger a los shiíes) supone la violación de la soberanía de Irak y pretende la desintegración del país. En octubre de 1991 decreta, como represalia, el bloqueo económico sobre la región kurda.

Mayo de 1992 asiste al nacimiento del primer parlamento de la historia kurda elegido por sufragio universal y a la formación de un gobierno de unidad nacional. A lo largo de los años se produce un sorprendente estallido cultural y se organiza autónomamente la vida nacional. Pero el futuro de esta experiencia de autogobierno se hace depender de dos factores: externamente, del papel representado tanto por las potencias regionales como mundiales; en el interior, desde diciembre de 1994 surgen enfrentamientos entre los dos principales grupos políticos de la zona: el Partido Demócrata del Kurdistán (PDK) y la Unión Patriótica del Kurdistán (UPK). Ambos han mantenido dos administraciones separadas en las regiones bajo su respectivo control, dejando de existir el Consejo de Ministros del Kurdistán Iraquí que anteriormente había administrado toda la región. En febrero de 1995 se acuerda un alto el fuego y en agosto se inician en Irlanda conversaciones de paz entre representantes de ambos partidos, bajo los auspicios de Estados Unidos. Pero a finales del año no se había avanzado nada. El incierto futuro de esta experiencia democrática kurda de autogobierno se ve frenado, entre otras cosas, por las propias luchas internas.

2.6.3 La cuestión kurda en Turquía

Si hay un elemento definidor de la problemática kurda en la república turca es sin duda la represión acompañada de los movimientos poblacionales. La violencia desatada por Turquía en el Kurdistán, además del establecimiento de un clima xenófobo, ha conducido al pueblo kurdo a una emigración que tiende a difundirse fuera de lo que administrativamente se entiende como «Sudeste Anatolio». Las zonas que se muestran más sensibles son las fronteras, los espacios montañosos y forestales, aquellas regiones atravesadas por ejes de comunicación estratégicos y las ricas en recursos. La tesis de un desplazamiento por motivos circunstanciales ajenos a la guerra y que pudieran considerar ésta como factor ocasional no puede sostenerse. Hay que hablar de migraciones dirigidas, fundamentadas en una multiplicidad de incitaciones, tanto indirectas (presiones socio-económicas y políticas) como directas (la propia guerra).

Los movimientos que se han desarrollado pueden clasificarse atendiendo a dos grupos:

Desplazamientos de pequeña amplitud: internos, dentro de una misma ciudad, mediante la presión ejercida sobre determinados barrios mayoritariamente kurdos, y movimientos de población hacia la cabeza de partido o hacia las grandes ciudades del este de Anatolia (como Ratman o Duyarbakir).

Desplazamientos de gran amplitud: migraciones obligadas por el ejército turco, que han favorecido la creación de campos de reagrupamiento, siguiendo la estrategia de «retención vigilada». También existen grandes movimientos con destinos fuera del Kurdistán, cuyo principal efecto ha sido la extensión del problema kurdo a todo el país.

Se gestaron y desarrollaron hábitats espontáneos ilegales caracterizados por su precariedad, creación de un subproletariado y la falta de inserción espacial, económica o político-social. Surgen dos grupos de gentes: aquellos que se instalan en otros países y que adquieren la condición de refugiados, y los que se quedan dentro, en Turquía, que viven en un destierro interior.

El propio ámbito jurídico de Turquía obstaculiza y hace imposible una solución justa del problema kurdo. Se caracteriza por su severidad a la hora de permitir las actividades democráticas de la sociedad. En opinión de Iglesias Etxezarreta[9], la fundación se impulsó militarmente por medio de un movimiento caudillista que mezclaba elementos propios de la tradición con principios modernos, en ocasiones procedentes de los imperios coloniales. El régimen ha evolucionado, intentando conservar las estructuras originarias. Además la constitución, fundamento de la legislación, resulta «aberrante». Habría que añadir el desarrollo de otras leyes de carácter excepcional como los «decretos de censura, prohibición y deportación» (1990) o el decreto 3713 de «lucha contra el terrorismo», al amparo de los cuales la sola alusión al tema kurdo constituye un delito. La república turca suspendió además tratados internacionales suscritos que la obligaban en materia de derechos humanos y fortaleció su control sobre los medios de comunicación. La legislación electoral deja igualmente mucho que desear, posibilitando la intimidación, al conseguir que sujetos uniformados y portando armas conminen a los electores tanto física como psicológicamente al pie de las urnas. Se contempla como motivo para anular una candidatura el uso de otra lengua que no sea la turca. A pesar de todo ello, Turquía forma parte de la OTAN y disfruta de un trato preferente por parte de la Unión Europea.

Para el mundo occidental, la república turca desempeña un papel geopolítico de primer orden,

[9] ETXEZARRETA, I., «Kurdistán: la conspiración del silencio». *África-América Latina, SOPEPAZ*, n.º 17/1-95.

al convertirse en una barrera tanto social como política contra el avance del integrismo islámico. Turquía actualmente está utilizando la religión como un instrumento de mediación social contra kurdos que, en realidad, son tanto musulmanes como caldeos o asirios.

Occidente guarda silencio por los beneficios económicos que obtiene tanto del comercio (incluida la venta de armas) como de la mano de obra barata de un país carente de sindicación desarrollada.

Pero, tal como afirma Kendal Nezan, «el muro de Occidente, gangrenado por el conflicto kurdo, podría hundirse» [10]. Occidente mira temeroso el avance de los movimientos integristas, pero en realidad no es más que el resultado congruente de muchos errores cometidos. Ha sido después de comprobar que ninguna corriente ideológica o política ha sabido ofrecer resultados a los problemas que se planteaban cuando la corriente religiosa ha cobrado fuerzas renovadas.

2.7 Yemen

De mayo a junio de 1994 se produce lo que se ha dado en llamar la «guerra de los setenta días» de lucha entre Saná y Adén, la segunda guerra civil yemení en un intento secesionista del antiguo Yemen del Sur. El 5 de mayo de 1994, las tropas nordistas se situaron en lo que fue la antigua frontera que dividía los dos Yémenes antes de la unificación de 1990. Los enfrentamientos desbordaron siete de las diecisiete provincias del país.

En una nebulosa de tirantez y de declaraciones encolerizadas, el desafío militar se había hecho inexcusable entre las fuerzas del sur del vicepresidente Ali Salem El Bid, secretario general del Partido Socialista Yemení (PSY), y las fuerzas del presidente nordista Ali Abdallah Saleh, aliado con los islamistas del Partido de Islah de Cheikh Abdallah El Ahmar. El pulso entre ambos líderes venía produciéndose desde agosto de 1993, cuando, tras una gira por el extranjero, el vicepresidente rechaza volver a la capital, Saná, y presenta una declaración de dieciocho puntos en la que informaba de las condiciones para su regreso. Entre otras peticiones solicitaba la descentralización económica y administrativa, la modificación de la Constitución hacia el federalismo, la adopción de medidas encaminadas al saneamiento de la economía y de las finanzas estatales, la lucha contra la corrupción, la retirada de los campos militares y de los arsenales de las ciudades y el arresto de los autores de los atentados que habían costado la vida a 150 integrantes del PSY. Este último punto resultaba ser el más conflictivo, ya que entre los perpetradores de los hechos se encontraban personas cercanas al propio presidente Saleh. El Congreso General del Pueblo (CGP) admitió comprometerse con el programa y un comité de diálogo integrado por representantes del CGP y del PSY, así como por miembros de otros partidos minoritarios, alcanzó un arreglo en enero de 1994. Su contenido respondía punto por punto a las exigencias de El Bid, pero, temiendo por su seguridad, se resistió a volver a la capital. La firma del documento se retrasó así hasta febrero. Fue entonces cuando estallaron los primeros enfrentamientos.

El vicepresidente no favoreció el compromiso y a cada exigencia aceptada añadía un punto nuevo. Pero el presidente Saleh tampoco tenía intención alguna de respetar las concesiones formalmente aceptadas y más bien buscaba ganar tiempo. Saleh había elegido la opción militar ya desde diciembre de 1993.

Los años de unidad se habían caracterizado por dos sentimientos encontrados: al principio por la euforia, después por el desencanto. Norte y sur oponían tanto historias como tradiciones anta-

[10] Kendal NEZAN, «El derecho de autodeterminación del pueblo kurdo», *Tiempo de Paz*, 1991.

gónicas, y aunque la voluntad de unificación parecía estar presente, un manantial de malentendidos mutuos minaba el camino hacia ella. La unidad fue un matrimonio de conveniencia arreglado a toda prisa por dirigentes irreflexivos.

El norte, bajo el poder del imperio otomano, fue subyugado al régimen del imanato, mezcla de monarquía y de teocracia. Durante la unificación era el más poblado y estaba dirigido por un régimen tribal-religioso liderado por Ali Abdallah Saleh. La mayor parte estaba poblado por chiítas de rito zaydita, a excepción del sur y de la llanura de la costa occidental de Tihama. El derecho tribal tenía tanta importancia o más que la Charia (ley islámica).

El sur, posesionado por los británicos hasta 1967, tras la independencia conoció un régimen que podía denominarse marxista-leninista. Aunque se daba la corrupción, parecía estar dentro de ciertos límites. Su historia había «occidentalizado» y laicizado en cierta forma tanto al pueblo como a las instituciones.

Después de la victoria de 1994, que puso fin a la Guerra de los Setenta Días, el régimen de Saleh demostró su superioridad militar afirmando al mismo tiempo su autoridad sobre la totalidad del territorio. Pero la caída de Adén no supuso el final de los problemas y la sociedad se mostró altamente dividida. Durante las contiendas el presidente logró agrupar a la mayor parte de los partidos nordistas a su alrededor, pero el punto final de las luchas significó también el final de la unión. Los islamistas de Islah controlaron a partir de entonces el parlamento, donde la presencia de representantes del PSY se esfumó. Hicieron adoptar un mandato constitucional que elevaba a la Charia al puesto de única fuente de la legislación. En Adén, hasta hacía poco laica, se prohíbe la mezcla de ambos sexos en las escuelas y se obliga a llevar el velo a las mujeres.

El presidente teme un enfrentamiento en solitario frente a los islamistas. Por ello suscitó una nueva dirección para el PSY, compuesta a partir de entonces por socialistas leales al régimen elegidos entre aquellos que permanecieron en Saná y se opusieron a la separación de Yemen del Sur. El oro negro no se encuentra ausente del conflicto, y es que la mayoría de los descubrimientos de pozos petrolíferos tras la unidad en 1990 se encuentran situados en la antigua República Democrática Popular del Yemen o Yemen del Sur, donde los potenciales de reserva parecen ser muy superiores a los del norte. Los dirigentes del PSY saben que estas riquezas refuerzan sus intereses, ya que una renta que tiene que ser dividida entre tres millones de habitantes en lugar de entre 14 es motivo suficiente para incitar a la secesión.

Pueden establecerse dos posibles razones que hubieran motivado de forma determinante los propósitos separatistas sudistas: una claramente ideológica, en lucha contra la islamización de las instituciones del país y la progresiva y creciente severidad del norte, y una económica.

2.8 Líbano

En la primavera del 1998 las acciones bélicas habían aumentado de forma alarmante en el sur del Líbano, un país teóricamente en paz, pero traumatizado por varias décadas de guerra civil y de invasiones extranjeras.

En el sur del Líbano existe una franja de seguridad establecida por Israel para impedir los ataques sobre el Estado hebreo de la guerrilla shii. En esta zona y sus alrededores conviven seis ejércitos: el Ejército del Sur del Líbano, aliado de las tropas israelíes; el Ejército del Líbano; la guerrilla shií de Amal (prosiria); la guerrilla shií de Hezbolá (proiraní); las Fuerzas Interinas de las Naciones Unidas en Líbano (FINUL); y muy frecuentemente se une el Ejército israelí.

Los seis bandos en conflicto cuentan con importantes suministros de armamentos, en su mayoría procedentes del mercado negro ruso y de los traficantes norteamericanos.

3
AMÉRICA LATINA

3.1 Centroamérica

El triunfo de la revolución sandinista en Nicaragua (1979) coincidió con la llegada al poder en Estados Unidos de Ronald Reagan y su cruzada para acabar con cualquier foco de insurgencia comunista en Centroamérica. El éxito sandinista dio alas a los guerrilleros de filiación marxista que operaban en los países limítrofes, especialmente en Guatemala, El Salvador y Honduras. Antes de que cualquier otro país de la zona cayera en manos comunistas, Reagan decidió implicarse, enviando tropas, asesores, material militar y mucho dinero, para contener el impulso revolucionario que venía desde Nicaragua y que alentaban la URSS y Cuba. El resultado fueron una serie de guerras civiles que durante casi una década desangraron al subcontinente latinoamericano.

El fin de la guerra fría y la ola de esperanza con que se iniciaron los noventa supusieron la plataforma para iniciar los procesos de paz en curso en Centroamérica. Aunque la situación bélica parece contenida, la paz sufre hoy amenazas graves como consecuencia de las profundas cicatrices no cerradas totalmente y que hipotecan el futuro de estos pueblos.

Las guerras de Honduras, Nicaragua, El Salvador y Guatemala dejaron siniestras semillas cuyos frutos crecen como la mala hierba:

La desestructuración económica conlleva la miseria de la población; siete de cada diez centroamericanos viven en la pobreza.

La quiebra y el debilitamiento institucional, por lo que los intentos democratizadores se estancan o derivan por la acción de políticos corruptos o hábitos dictatoriales o por el tutelaje del ejército.

La militarización de la sociedad durante años de guerra ha traído, en la paz, la desmovilización de miles de soldados y guerrilleros sin perspectiva alguna. A su vez, los ejércitos nacionales se han acomodado en las estructuras del poder y no se acostumbran a la civilización del gobierno y la administración. Tampoco se puede olvidar el exceso de arsenales a precios bajos (un fusil *kaláshnikov* se puede adquirir en Nicaragua o en El Salvador por 30 dólares: menos de 4.000 pesetas). Estas armas se han convertido en los instrumentos de trabajo de numerosos grupos organizados de delincuentes, contrabandistas y narcotraficantes. Además sirven para armar a grupúsculos y pequeños movimientos insurgentes que ya se detectan en México, Guatemala, Honduras y Panamá.

3.1.1 Guatemala

Con los acuerdos de paz firmados en diciembre de 1996 se puso fin a treinta y seis años de guerra civil y dos años de negociaciones entre el gobierno guatemalteco y los principales comandantes guerrilleros de la Unidad Revolucionaria Nacional Guatemalteca (URNG).

El talante moderador del presidente guatemalteco, Álvaro Arzú, y el cansancio guerrillero han favorecido el ambiente de paz y permiten albergar esperanzas fundadas.

En 1994, auspiciado por Naciones Unidas, comenzó un diálogo que nunca terminaba de concretarse, excepto en la vuelta de miles de refugiados en México, gracias a un programa de ACNUR, aunque las escaramuzas armadas siguieron. Afortunadamente, en septiembre de 1996 el gobierno, el ejército y los cuatro jefes guerrilleros de la URNG, reunidos en México D.F., lograron un acuerdo de desmilitarización y fortalecimiento del poder civil que, definitivamente, desbrozó el camino hacia la paz completa.

Es de esperar que la paz definitiva permita solucionar las cuestiones espinosas: la reforma agraria y el acuerdo sobre el reparto y la propiedad de la tierra; la reincorporación a la vida civil de la guerrilla; y la obtención de los 300.000 millones de pesetas necesarios para llevar adelante los acuerdos de paz. (La UE y los países mediadores —España, Venezuela, Noruega, Colombia y Estados Unidos— han sido los primeros en prometer ayuda sin concretar cifra.)

El enfrentamiento civil de Guatemala batió todos los registros negativos de la región. Iniciado en 1961, ha dejado un reguero de 150.000 muertos, 40.000 desaparecidos, 500.000 desplazados internos, 50.000 refugiados fuera de sus fronteras y un país en quiebra social y económica.

En Centroamérica, y muy especialmente en Guatemala, la distribución de la tierra es el tema fundamental sobre el que girará gran parte de la vida política y económica futura del país. Según estimaciones de NU, en la década de los cincuenta y sesenta cerca del 70 % de la tierra cultivable de Guatemala estaba en manos de un 2 % de la población, mientras que el 15 % de la tierra era compartido por el 85 % de los pequeños agricultores indígenas. Con el crecimiento demográfico de los años cincuenta-setenta, aumentó el número de personas que tenían que repartirse ese escueto 15 %, a la vez que los grandes terratenientes, corporaciones agrícolas y el ejército aumentaban el tamaño de sus propiedades. Las presiones de grupos políticos y sindicatos para iniciar la necesaria reforma agraria chocó con la oposición de la elite dirigente, apoyada por los militares.

En este clima surgieron movimientos radicales armados que desafiaron al gobierno y al ejército mediante la guerra de guerrillas. La campaña contrainsurgente derivó en guerra civil.

3.1.2 El Salvador

Los acuerdos de paz de Chapultepec, firmados en México el 1 de febrero de 1992, pusieron fin a doce años de guerra civil que dejó 80.000 muertos —el 90 % civiles— y más de un millón de refugiados y desplazados.

El conflicto enfrentaba al gobierno salvadoreño, apoyado por Estados Unidos, con la guerrilla marxista del Frente Farabundo Martí de Liberación Nacional (FMLN). Como casi todo en Centroamérica, la lucha clavaba sus raíces en la injusticia social, la desigual distribución de la tierra, la carencia de democracia y derechos civiles, dinamitado todo por la confrontación Este-Oeste y el síndrome castrista-sandinista que en los ochenta sacudió Estados Unidos.

Aunque la paz se consolida, en El Salvador se dan, de forma aguda y simultánea, todos los aspectos negativos señalados en la introducción. Según datos oficiales, en el país se producen diariamente veintiún asesinatos, quinientos asaltos violentos, treinta robos de vehículos y cinco violaciones sexuales.

La densidad de armas y munición por habitante es la más alta de Centroamérica. Los aspectos más positivos son el éxito de la misión de ACNUR, que ha conseguido recolocar a 32.000 refugiados retornados, y documentar a más de un millón y medio de salvadoreños que carecían de cualquier certificado de nacimiento o de identidad.

La paz y la democracia parecen estabilizarse tras las elecciones legislativas y municipales celebradas el 16 de marzo de 1997. El casi virtual empate entre la coalición derechista ARENA y el FMLN y la aceptación de los resultados por ambos contendientes es un signo inequívoco de normalidad democrática. Pero los diferentes planteamientos de las dos fuerzas triunfadores crea una radical separación en la sociedad salvadoreña, la misma que llevó a la guerra años atrás.

Durante toda la década de los setenta, el país vivió una fuerte ebullición social, agravada por el regreso de 100.000 campesinos salvadoreños expulsados de Honduras («Guerra del Fútbol», 1969-1976) y por la crónica desigualdad en la propiedad de la tierra (un 0,5 % de los propietarios son dueños del 40 % de las tierras fértiles).

La guerra empezó con un golpe de Estado, en octubre de 1979, organizado por un grupo de jóvenes militares reformistas hartos del gobierno del general Humberto Romero, último exponente de dictador pretoriano a las órdenes de la oligarquía terrateniente que gobernó el país a lo largo del siglo. Las iniciativas de la nueva junta militar fueron bloqueadas por el ala dura del ejército. Ante estas circunstancias los movimientos armados, unidos en el FMLN, que ya operaban desde 1973, iniciaron una sangrienta contestación que tuvo su respuesta en un ejército sustentado por Estados Unidos, y un gobierno democristiano, con Napoleón Duarte al frente, que excluyó al FMLN de cualquier diálogo o reforma.

Durante los años ochenta la guerrilla, tras el fracaso de su ofensiva general de 1981, se hizo fuerte en el campo. Desde 1986 operó también en las grandes ciudades, llegando a controlar los barrios y zonas de la capital, San Salvador.

3.1.3 Nicaragua

El triunfo de Violeta Chamorro en las elecciones presidenciales de 1991 puso fin a un periodo amargo y sangriento que comenzó antes del triunfo de la revolución sandinista (1979), y que provocó un auténtico terremoto en Centroamérica, comparable al de la revolución cubana (1959).

La prehistoria de la revolución sandinista está conectada a la nunca realizada reforma agraria y a la reducción de la agricultura indígena, en beneficio de los algodonales y el ganado vacuno explotados por los grandes propietarios. La familia Somoza, dueña del 70 % de la tierra nicaragüense, reaccionó con brutalidad a la ola de protesta opositora de finales de los setenta. Los movimientos insurreccionales, unificados en el Frente Sandinista de Liberación Nacional, se vieron abocados a la guerra revolucionaria. El enfrentamiento civil terminó con el triunfo de la revolución sandinista, cuyo modelo era la Cuba de Fidel Castro. En 1981 se inició otra guerra, oblicua y soterrada, con Estados Unidos al frente empeñado en acabar con los sandinistas. La administración norteamericana temía mucho a un régimen comunista tan cercano y que alimentaba a las guerrillas de los Estados colindantes. La famosa Contra nicaragüense, apoyada por Reagan, unida a los errores de la revolución, a la radicalización de posturas y a la hostilidad de sus vecinos, llevó al país al fracaso económico, la devastación agrícola y la ruptura social.

Gracias a los buenos oficios del ex presidente costarricense Carlos Arias y a la mediación del llamado Grupo de Contadora (México, Colombia, Venezuela y Panamá), se pudo dar salida negociada a una situación bélica agudizada durante los años ochenta y que costó cerca de 50.000 muertos.

Nicaragua trata de sobreponerse a las herencias de la guerra y de la revolución imposible. La economía sufre un fuerte colapso por culpa de las escasas infraestructuras del país, los errores económicos del sandinismo y una ayuda internacional escasa y parca en inversiones.

De las incertidumbres internas es buen ejemplo el enfrentamiento que Violeta Chamorro mantuvo en 1995 con la Asamblea Nacional por diversas reformas constitucionales, lo que supuso graves problemas para el normal funcionamiento democrático del país. Durante algunos meses coexistieron dos constituciones.

Solventado el problema en julio de 1995, siguen los interrogantes sobre la adaptación del ejército, en su mayoría oficiales sandinistas, a la nueva situación. Hasta la fecha la sustitución de los principales mandos revolucionarios por militares más afines al gobierno ha provocado tensiones limitadas. Éste y la polarización de la sociedad —dividida claramente tras las elecciones de octubre de 1996 entre los partidarios del ex sandinista Daniel Ortega y del presidente derechista Arnoldo Alemán— son los principales problemas que debe enfrentar el ejecutivo.

Por su parte, el Frente Sandinista se escindió, en mayo de 1995, en dos facciones, con el nacimiento del Movimiento de Renovación Sandinista, encabezado por el ex vicepresidente Sergio Ramírez, enfrentado al antiguo presidente Daniel Ortega.

3.1.4 Honduras

La guerra nicaragüense repercutió en Honduras polarizando las posturas políticas, lo que creó un clima de enfrentamiento civil, en donde los secuestros, las torturas y los asesinatos cometidos por misteriosas organizaciones de extrema derecha, con el apoyo encubierto del gobierno y el ejército hondureño, eran acciones diarias.

Honduras brindó su apoyo a la presencia militar norteamericana y a las formaciones de contras nicaragüenses. La guerra librada por la administración Reagan contra las insurgencias centroamericanas tuvo en Honduras su mejor plataforma y base de operaciones. Esta presencia militar trajo dos consecuencias graves para el país:

– La ocupación de todos los resortes del poder por parte de los oficiales del ejército hondureño.
– La aparición de conflictos de baja intensidad en el interior del país, propiciada por la impunidad y el salvajismo de las acciones del ejército y la presencia de grupos armados contranicaragüenses.

La herencia de todo ello tuvo su negativa plasmación en la intentona golpista del 29 de julio de 1996.

Honduras vive una lenta transición del poder militar al civil, en la que muchos oficiales se sienten incómodos por su futuro. Aunque el gobierno está presidido por un civil, Carlos Roberto Reina, el hombre fuerte del país es el general Mario Hung, jefe de las Fuerzas Armadas. La rebelión de julio de 1996 no es sino una prueba más del descontento militar por la aprobación de medidas que limitan su poder: servicio militar voluntario, restricciones presupuestarias, reducción de oficiales y procesos contra militares por desapariciones y asesinatos.

3.1.5 México

La rebelión de Chiapas es bien conocida, entre otras cosas por tener una guerrilla comandada por un líder, el subcomandante Marcos, que domina la puesta en escena y los medios de comunicación, que tiene un discurso romántico, de buena literatura, y que sabe manejar los «tempos» propagandísticos como nadie. Por ello la obviaremos y sólo daremos cuenta de nuevos focos insurreccionales. El primero surgió el 28 de junio de 1996, en el estado de Guerrero, protagonizado por el Ejército Popular Revolucionario (EPR).

El EPR está radicado en una zona pobrísima de campesinos abandonados por los planes de activación económica del presidente mexicano, Ernesto Zedillo. Pero también han demostrado su capacidad operativa en zonas urbanas de otros estados. Las apariciones guerrilleras han sido cortas pero espectaculares, leyendo siempre comunicados llenos de nostálgicas referencias a líderes legendarios, mensajes populistas y con puntos de contacto con los zapatistas de Chiapas. Los enfrentamientos con las fuerzas armadas se han cobrado medio centenar de muertos.

Hay bastante confusión en las diversas interpretaciones. Los zapatistas se han distanciado del EPR; el gobierno federal los considera simples terroristas a la vez que anuncia planes de desarrollo para la zona; el gobierno local habla de narcos armados; y el obispo de Guerrero los supone infiltrados en organizaciones indigenistas. Un extraño laberinto que enmaraña más la difícil reforma democrática y muestra la lamentable situación de pobreza que soportan los sectores campesinos e indígenas de muchos estados mexicanos.

El ejército está en alerta máxima en algunas zonas montañosas de Oaxaca, Guerrero, Estado de México, Puebla y la Huasteca. Los insurgentes se mostraron muy activos en la precampaña electoral de julio de 1997, intensificando sus ataques.

Un tercer grupo guerrillero, el Ejército Revolucionario de Insurgencia Popular (ERIP) hizo su aparición, en noviembre de 1996, mediante un comunicado en diversos diarios en el que aboga por el derrocamiento del gobierno y la formación de un nuevo congreso constituyente. El ERIP anunció que sus actividades se concentrarán en el centro y en el norte del país. Todo ello viene a confirmar las informaciones de que al menos hay ocho estados con grupos armados que en cualquier momento pueden ser operativos.

La actividad guerrillera no ha hecho sino dar un protagonismo creciente al ejército mexicano, caracterizado hasta la fecha por su escasa implicación en los asuntos políticos del país. Desde 1994 se ha detectado una clara militarización de la política y la sociedad mexicanas.

3.2 Colombia

Colombia vive un caos político y social de tal magnitud que se pensaba que su crisis había tocado fondo —parecía imposible mayor hondura—. Sin embargo, los acontecimientos que se suceden desde el verano de 1996 le dan mayor calado, enmarañan más la situación y convierten al país en uno de los más violentos del mundo. El escritor colombiano Gabriel García Márquez ha definido la situación como un «holocausto bíblico».

Los desencadenantes de la grave crisis del verano de 1996 fueron las protestas de los campesinos cocaleros y, sobre todo, la imparable ofensiva guerrillera de las Fuerzas Armadas Revolucionarias de Colombia (FARC) y el Ejército de Liberación Nacional (ELN), que, según un informe oficial, multiplicó por diez el número de sus frentes, hasta llegar a los 105. Ambos hechos están profundamente conectados, pues los vínculos entre productores de droga y guerrilla son claros. Hoy nadie duda de los acuerdos tácitos entre los movimientos armados y los narcotraficantes para el reparto de beneficios. Los guerrilleros controlan las plantaciones y cobran un canon por kilo cosechado directamente a los campesinos. Los traficantes se aseguran así las cosechas y el comercio.

Ante la fumigación por parte del ejército de los cultivos de coca, los casi 400.000 campesinos afectados organizaron protestas masivas, exigiendo alternativas reales para sus campos. De los 17 millones de dólares prometidos por Samper dentro del plan de sustitución de cocales, sólo les habían llegado dos, y el programa de promoción del caucho patrocinado por la ONU se ha mostrado como un rotundo fracaso. Las protestas fueron reprimidas por el ejército con tácticas de guerra: voladura de carreteras, electrificación de puentes, toma de aldeas, quema de plantaciones y fuego real. El resultado: casi treinta muertos y centenares de detenidos.

Al mismo tiempo la guerrilla comenzó una ofensiva exitosa en numerosas provincias. Llegaron a bloquear media Colombia. Las FARC y el ELN inciden en el 30 % del transporte del país, ya que ellos controlan varias de la principales rutas terrestres. La situación llegó a ser tan grave que el entonces ministro de Defensa, Juan Carlos Esquerra, reconoció, en noviembre de 1996, que Colombia estaba en guerra y la necesidad de llamar a parte de los 150.000 reservistas. El conflicto también supone una sangría económica, pues la movilización del ejército supone un 5 % del producto interior bruto (PIB).

Las fuerzas de seguridad y el gobierno sólo han demostrado su incapacidad para frenar a las guerrillas y sus divisiones a la hora de abordar el problema. Los militares apuestan por el aniquilamiento de los insurgentes, mientras el gobierno duda entre la negociación o la escalada militar.

En el aspecto político la situación también se acerca al caos. El presidente Ernesto Samper, acusado de recibir dinero del cartel de Cali para financiar su campaña electoral de 1994, cada vez tiene menos apoyos dentro y fuera del país. El vicepresidente y siete ministros han dimitido desde que surgió el *narcoescándalo*. El gobierno de Washington le retiró el visado y le prohibió la entrada a Estados Unidos. Y el descubrimiento de cuatro kilos de cocaína en el avión presidencial enturbió más el panorama.

La pesadilla para Samper comenzó cuando la policía logró detener a seis de los principales capos del cartel de Cali. Lo que en principio era una operación para contentar al congreso norteamericano, del que esperaba conseguir la «certificación» de país cooperador en la lucha contra el narcotráfico —lo que permite disfrutar de una importantísima ayuda financiera y de material militar—, se ha convertido en una bomba de relojería que estalló afectando a lo más alto del gobierno. A los detenidos se les encontró, o filtraron, información abundante sobre cantidades entregadas por el cartel a unas 2.800 personalidades colombianas, entre ellas Santiago Medina, tesorero de la campaña presidencial de Samper. El curso de las investigaciones implicó a Fernando Botero, ex jefe de campaña, ex ministro de Defensa y hoy preso, y al mismísimo presidente.

El doble juego de Washington es evidente: por un lado castiga a Samper, pero por otro otorga a Colombia más de la mitad de la ayuda militar destinada a toda América Latina.

Con un gobierno tan débil y deslegitimado no es extraño que el país vaya hacia un cruento enfrentamiento civil con diversos bandos enmarañados: militares, guerrilleros, narcotraficantes y políticos que luchan por conservar el poder, y donde establecer separaciones a veces no es fácil.

Quienes más beneficio sacan de esta situación agónica del ejecutivo son los narcotraficantes y los tres grupos guerrilleros más importantes. Las FARC cuentan con 10.000 hombres, y una importante alianza con cocaleros y narcos que los hace extremadamente operativos en las zonas rurales y urbanas. El ELN puede movilizar hasta 5.000 guerrilleros y operar en zonas rurales. El Ejército Popular de Liberación (EPL), de tendencia maoísta, lo forman unos 2.000 guerrilleros. Se estima que entre los tres mueven cerca de 800 millones de dólares, producto del narcotráfico, el secuestro y la extorsión.

Ni el gobierno, enzarzado en sus problemas de credibilidad y *narcoescándalo*, ni el ejército, desmoralizado por la corrupción y la ineficacia, pueden dar respuesta a la guerrilla. Refuerzan, así, a los grupos paramilitares de autodefensa, que son los que verdaderamente se enfrentan a los insurgentes y controlan ya varias zonas campesinas y de la selva, donde imparten su peculiar justicia. Éste será uno de los grandes retos del gobierno que sustituye a Ernesto Samper.

El caldo de cultivo violento engorda con la impunidad con la que se cometen los asesinatos y las violaciones de los derechos fundamentales por todas las partes en lucha. De las 30.000 muertes violentas que se producen al año, sólo un 3 % tienen un proceso judicial con sentencia. La impunidad envalentona tanto a la guerrilla como a los paramilitares y fuerzas de seguridad, ya que nadie se siente sujeto a restricciones por un poder superior.

La gran paradoja es que los dos pilares sobre los que Samper asentó su triunfo electoral de 1994 son sus grandes fracasos: la lucha contra el narcotráfico y el diálogo con la guerrilla. Llegó a nombrar a un alto comisionado para la paz, Carlos Holmes Trujillo, que estableció contactos directos con la Coordinadora Guerrillera Simón Bolívar (creada en los ochenta para presentar un frente político común ante el gobierno) y con los grupos armados por separado. Los recelos mutuos empantanaron el diálogo sin resultados. Cuando la debilidad del gobierno ha sido manifiesta, los insurgentes aprovecharon para tomar la iniciativa pensando que cuando vuelvan a la mesa de negociación lo harán desde una posición más ventajosa.

3.2.1 Antecedentes

La violencia ha sido uno de los factores más determinantes de la historia de Colombia, país torturado por continuas guerras civiles, la última entre 1948 y 1958, que han dejado como herencia los altos niveles de homicidios impunes. Tras la guerra de 1958, las elites políticas de los dos partidos mayoritarios, Liberal y Conservador, institucionalizaron un acuerdo de reparto de poder, con el tácito consentimiento del ejército y de los sectores empresariales. Fue el llamado «Pacto Nacional», que en cierto modo ha durado hasta hoy, y al que, en los años ochenta, se acomodaron los narcotraficantes. Con este acuerdo se dejaba fuera a amplios sectores de la población, lo que, unido a la nunca realizada reforma agraria, al contexto de guerra fría, a los ecos de la revolución cubana y a la tradición de protesta violenta y respuesta represiva, dio origen al surgimiento de las guerrillas de los años setenta.

El más antiguo y poderoso grupo armado son las FARC. Creado durante la guerra de los años cincuenta, fue nutrido por campesinos y miembros desengañados del Partido Liberal. Su objetivo tradicional ha sido forzar a los gobiernos a realizar concesiones políticas.

El ELN se formó en 1969, teniendo como espejo a la revolución cubana. Ha buscado siempre la inversión del sistema político.

El EPL es el hermano colombiano de Sendero Luminoso, aunque jamás alcanzó la operatividad y capacidad de los peruanos. Su base ideológica era el pensamiento de Mao en estado puro.

A estos movimientos de izquierda y base rural se unieron en los setenta otros de vida más efímera: el M-19, que operó en las ciudades más importantes con espectaculares acciones, como la toma de la Suprema Corte de Justicia; el Quintín Lame, de orientación indigenista; y el Partido Revolucionario del Trabajo (PRT).

La respuesta a la subversión siempre se ha caracterizado por la represión sin paliativos. Incluso las iniciativas de paz propuestas en los últimos doce años, en especial bajo la presidencia de Belisario Betancurt (1982-1986), enmascaraban operaciones que aniquilaron a las cúpulas guerrilleras del PRT, del M-19 y del Quintín Lame. Tan sólo tres años entre 1950 y 1990 no transcurrieron bajo el estado de sitio. Los grupos paramilitares de autodefensa, autorizados desde 1965 para permitir a los campesinos defenderse de la guerrilla, con el tiempo se han ido convirtiendo en ejércitos autónomos al servicio del mejor postor: guerrilla, ejército o narcos.

Con la presidencia de Gabriel Turbay (1979-1982) apareció un nuevo elemento determinante: los traficantes de droga y la creación de los carteles. Los carteles han llegado a ser tan poderosos que de alguna manera controlan a la guerrilla y a la administración del Estado, poseen sus propios ejércitos y dominan amplios sectores financieros y empresariales del país. La grave crisis de 1996 es una buena prueba de ello.

En definitiva, Colombia ha sufrido desde los años sesenta más de 100.000 muertes a causa de la guerrilla y el narcotráfico, dos cánceres que hoy se confunden y tienen al Estado entero a punto de metástasis. Y como dice un personaje del hoy autoexiliado García Márquez: «El país entero está remendado con tela de araña».

3.3 Haití

Haití es uno de los países más pobres de la tierra. Su presupuesto nacional, para siete millones de personas, es igual al de una ciudad española de 200.000 habitantes. El 95 % de la población vive en los umbrales de la pobreza, y para ellos la palabra clave es sobrevivir. Hoy Haití depende exclusivamente de los créditos estadounidenses (15 % de los recursos anuales), congelados en 1995 por la mayoría republicana en el Congreso, liderada por Jesse James, y de la ayuda del Fondo Monetario Internacional (FMI).

Las noticias que llegan del pequeño país caribeño hablan de una situación inquietante en lo social y político. El Consejo Electoral de Haití suspendió la segunda ronda de las elecciones legislativas que debían celebrarse el 1 de junio de 1997. Esto es el reflejo de la soterrada batalla que libran el actual presidente René Préval y su antecesor y mentor Aristide. Sólo un 5 % de los electores acudió a las urnas en las elecciones municipales del 6 de abril de 1997, lo que indica el alto grado de frustración entre la población y socava el proceso de democratización y pacificación de la isla. En agosto de 1996 hubo un intento de desestabilización con diversos ataques coordinados contra el palacio nacional, el parlamento y la comisaría principal de la capital, Puerto Príncipe. Este suceso se relaciona con los arrestos de una veintena de ex militares de extrema derecha acusados de intentar desestabilizar Haití con actos violentos.

El malestar entre los antiguos oficiales del disuelto ejército es evidente. En 1995 cuarenta y nueve oficiales, todos los mandos superiores menos uno, fueron puestos a disposición judicial, acusados de crímenes en los años pasados.

El orden del país dependía de 7.000 soldados y gendarmes de la Misión de Naciones Unidas para Haití (MINUHA), que en abril de 1995 sustituyeron a los marines americanos que acabaron con la Junta Militar que derrocó (1991) al presidente electo Jean-Bernard Aristide. El contingente internacional ha sido sustituido por una policía haitiana, formada en Estados Unidos, cuyos mandos —si se cree al periódico *The Nation* (Nueva York, 8 febrero 1996)— han sido reclutados por la CIA entre los oficiales del antiguo ejército.

La violencia, tan presente en la historia haitiana, sigue cobrando su tributo en vidas humanas. Según informes de Amnistía Internacional y de Naciones Unidas, en 1996 se seguían produciendo decenas de linchamientos, públicos y espontáneos, llevados a cabo por una población frustrada ante la incompetencia de las autoridades para solucionar el problema de la altísima delincuencia y la impunidad de ciertas bandas armadas, cuyo origen se remonta a los *attachés*, grupos paramilitares del último dictador militar Raoul Cedrás.

Existe una escasa población criolla, urbana y dominadora de los recursos y de la tierra, y una mayoría negra, cimarrona, que vive en el campo o en los suburbios de las principales ciudades. Estos pobres fueron los que en 1994 se lanzaron al mar en pequeños botes, intentando alcanzar el sueño americano.

Se hace urgente fortalecer las estructuras políticas que consoliden una verdadera democracia, así como activar una economía que hoy depende de la solidaridad internacional y del contrabando. Los caminos elegidos para solucionar estas carencias no parecen ser muy convincentes: el tutelaje político de Washington y los dictados económicos del FMI, que de momento excluye de las prioridades la educación, la sanidad y el desarrollo rural. Por contra, las privatizaciones sugeridas por el FMI están devolviendo el poder económico a las oligarquías tradicionales, comprometidas con el pasado militar.

El presidente, René Préval, tiene poco margen de maniobra. Sus intentos de seguir la política preconizada por Aristide, reforma agraria e intervención del Estado en la economía para una más justa redistribución de la riqueza, chocan frontalmente con los dictados del FMI y los deseos de la administración Clinton.

3.3.1 Antecedentes

Haití accedió a la independencia en 1804, tras trece años de guerra contra el poder colonial francés y posterior lucha civil. Una vez independientes, los antiguos esclavos se negaron a volver al sistema de grandes plantaciones que la oligarquía criolla quería imponer. Esto abrió un abismo en la nueva sociedad que se tradujo en una división irreconciliable. Por un lado, la minoría blanca que creó un Estado a su servicio, atrapada por luchas intestinas por el poder y la tierra; por otro los negros, excluidos de la sociedad y que periódicamente se sublevaban. Muchos de estos esclavos huyeron de las plantaciones hacia el interior, ocultándose en las montañas o refugiándose en la cercana Cuba: fueron los denominados «cimarrones».

Así quedan resumidos dos siglos de independencia que tendrán su enloquecido paroxismo en la dictadura de la familia Duvalier (1957-1986). El terrible y famoso Papá Doc (François Duvalier) fragmentó la sociedad haitiana, instaurando un régimen de terror militar y control absoluto. La pobreza y la represión hicieron de la supervivencia el estado permanente del pueblo. Jean-Claude, el hijo de Papá Doc, le sucedió en 1971, iniciando la decadencia familiar.

La presión demográfica y la toma de conciencia llevaron a los levantamientos de febrero de 1986, que terminaron con los Duvalier. Comenzó así un sangriento periodo de luchas civiles, golpes de Estado y batallas entre la clase política que sólo favorecieron la toma del poder por el ejército, siempre presente en la vida política (160 golpes de Estado en dos siglos) y engrandecido por los Duvalier.

En 1990 se llegaron a celebrar elecciones ganadas por Aristide, un teólogo de la liberación, el único que supo aglutinar a las capas populares y crear una esperanza real de cambio. Su discurso a favor de los marginados asustó a Washington, que apoyó un nuevo golpe de Estado. El general Raoul Cedrás tomó el poder en septiembre de 1991. Era la expresión de una elite temerosa de las reformas propuestas por Aristide y de unos Estados Unidos que buscaban una tercera vía para Haití.

Al golpe siguió una matanza en los barrios pobres de la capital, en la que ni hospitales ni equipos sanitarios ni mujeres ni niños se salvaron de la brutalidad de los soldados. Tres semanas duró el terror. Hubo 5.000 muertos y medio millón de personas huyeron de la capital. Unos 60.000 balseros se hicieron a la mar, intentando ganar las costas norteamericanas. Interceptados en alta mar, fueron conducidos a Guantánamo (Cuba) y sólo unos pocos fueron admitidos como refugiados. Será el temor a esta ola de emigrantes lo que haga decidirse a Estados Unidos, arrastrando a Naciones Unidas y a algunos países occidentales (Francia). Primero se sancionó al régimen militar y se le impuso un embargo que resultó inútil (Estados Unidos facilitó el contrabando desde la República Dominicana, lo que benefició a los militares pero empobreció más a la población). En 1993 se firmaron los acuerdos de la Isla del Gobernador, por el cual los militares cederían el poder al presidente electo, Aristide. Pero Cedrás no tenía ninguna intención de abandonar el poder.

En 1994 se produjo una nueva oleada de balseros que provocó una reacción en Estados Unidos. Se endureció el embargo, la administración Clinton se decidió por el regreso de Aristide y preparó la intervención militar bajo los auspicios de Naciones Unidas (resolución 940, 31 julio 1994 de NU). En septiembre, ya con las tropas norteamericanas desembarcadas en Haití, se firmó un acuerdo definitivo para que la junta golpista cediera efectivamente el poder. El 15 de octubre regresó, por fin, Aristide, quien gobernó hasta las elecciones de 1995, ya que la Constitución prohíbe un segundo mandato. El ganador de los comicios fue Préval, antiguo primer ministro, personaje menos popular y carismático pero más fácil de manejar desde Washington.

3.4 Perú

En la noche del 12 de septiembre de 1992 la cúpula directiva de Sendero Luminoso, con su líder fundador Abimael Guzmán, era detenida por fuerzas de elite del ejército peruano. Quedaba así desarticulado el que fuera llamado «movimiento terrorista más letal del mundo», y Perú pasaba una página terrible de su historia.

Desde 1993 los dos movimientos terroristas —Sendero Luminoso y el Movimiento Revolucionario Tupac Amaru (MRTA), cuyo líder, Víctor Polay, fue recapturado en la primavera de 1992—, que durante los años ochenta y principios de los noventa asolaron Perú, provocando 30.000 muertos y cerca de 800.000 desplazados, habían limitado sus acciones a atentados esporádicos en la capital, encuentros sangrientos con patrullas militares o «ronderos» campesinos de la puna o la amazonía y, lo más grave, a enriquecerse con el tráfico de pasta de coca. Sin embargo, el audaz golpe del MRTA al tomar la embajada japonesa en Lima, en diciembre de 1996, y el posterior largo cautiverio de ministros, políticos, embajadores e importantes hombres de negocios, ha demostrado que el terrorismo en Perú sigue siendo una amenaza grave de imprevisibles consecuencias.

El espectacular rescate de los rehenes y el asesinato de los terroristas levantó los índices de popularidad de un decaído Fujimori. Pero también ha servido para mostrar al mundo, una vez más, los métodos de un político y un sistema que cada vez se mimetiza más con las dictaduras militares de antaño.

De los casi 10.000 senderistas organizados en 1990, hoy apenas llegan a los 1.500, la mayoría asentados en el norte, en la selva del Alto Huallaga.

Pero lo más perverso de la situación actual es el acuerdo tácito y las conexiones vinculantes entre narcotraficantes, terroristas, una parte del ejército y la administración del presidente Fujimori. Todos los indicios apuntan a la unión de intereses en la zona cocalera del valle del Huallaga. Los senderistas controlan a los campesinos productores de coca y permiten, en connivencia con mandos militares, el tráfico de pasta de coca hacia los grandes carteles colombianos. Se estima en 1.000 millones de dólares el dinero del narcotráfico que entra en el sistema financiero peruano.

La implicación militar con el narcotráfico no es nueva, aunque las revelaciones de los últimos años le otorgan características de escándalo de Estado. En junio de 1996 fue detenido uno de los pilotos del avión presidencial cuando trasladaba, ocultos en el fuselaje, 174 kg de cocaína pura. A ello siguió la detención de doce oficiales, entre ellos el coronel Óscar Salinas, segundo jefe del Ala Aérea 2. En total, 348 miembros de las Fuerzas Armadas peruanas están procesados por narcotráfico. Varios de los detenidos implican al general retirado Jaime Ríos Araico, ex jefe del Alto Huallaga, lo que muestra el alto grado de corrupción de los militares, en especial la aviación.

El 17 de agosto de 1996, Demetrio Chávez «Vaticano», el narcotraficante más importante capturado por la policía colombiana y entregado a las autoridades peruanas, que controlaba el valle del Huallaga, reveló que desde 1991 había pagado mensualmente 50.000 dólares a Vladimiro Montesinos por permitir vuelos de avionetas cargadas de pasta básica de coca hacia Colombia. Vladimiro Montesinos es asesor de Fujimori, su mano derecha, arquitecto del «Fujigolpe» de 1992 y a quien Vargas Llosa denomina «el Rasputín peruano».

Hasta la espectacular acción del MRTA, y desde 1993, se consideraba a Perú un país pacífico. Si en 1990 los terroristas lograron desafiar al gobierno en más de la mitad del territorio —especialmente en el altiplano central, las montañas al norte de Lima y amplias zonas de la selva, todas ellas en estado de excepción—, hoy sólo son dueños de pequeños corredores amazónicos y de la zona cocalera del Huallaga. Hay pequeñas células en Lima, Ayacucho, Arequipa, Pisco o Huancayo, pero con escasa actividad.

Tras la caída del líder senderista Abimael Guzmán y su posterior proclama por la paz y la negociación, se produjo una escisión en el movimiento terrorista que dio origen a Sendero Rojo, comandado por «Feliciano», hasta entonces mano derecha de Guzmán.

Las consecuencias de la pasada guerra se hacen patentes nada más llegar a Lima y ver la proliferación de asentamientos humanos, o pueblos jóvenes, como eufemísticamente los denomina el gobierno. En estos asentamientos malviven, bajo un soporte de cañas, plásticos y calamina, miles de campesinos expulsados de sus tierras por la violencia terrorista o las medidas contrainsurgentes del ejército.

Otro precio altísimo de la pacificación es el secuestro de la de-

AMÉRICA LATINA

mocracia que el presidente Fujimori ejecutó, el 5 de abril de 1992, disolviendo las dos cámaras y reformando radicalmente la Constitución, otorgándose más poderes. A su vez reforzó las atribuciones del ejército y dictó, el 16 de junio de 1995, la ley de amnistía que liberaba de responsabilidad a los militares implicados en delitos de sangre o violación de derechos humanos durante la lucha antiterrorista.

Por otro lado, la ley de arrepentimiento de 1992, a la que se podían acoger antiguos terroristas si delataban a varios compañeros, ha provocado —según estimaciones de Amnistía Internacional— unos mil detenidos, injustamente acusados de terrorismo.

De momento, el pueblo ha otorgado sus votos y complacencia a Fujimori. Aceptan perder democracia para ganar paz y sosiego. También son evidentes algunos éxitos económicos (descenso de la hiperinflación de años anteriores; crecimiento espectacular del PIB —13 % en 1994, 7 % en 1995—; cerca de un billón de pesetas en inversión extranjera previsto para todo el proceso privatizador), si bien el crecimiento se estancó en 1996.

Algunos nubarrones alimentan un descontento cada vez más manifiesto: el 50 % de los peruanos vive en la pobreza; el 60 % trabaja en actividades no reguladas y el 80 % está excluido de las plantillas a tiempo completo; y está en marcha un fuerte ajuste para reducir el gasto fiscal y aumentar el ahorro interno (según el dictado del Fondo Monetario Internacional).

Decisiones como las de militarizar la justicia y la inconstitucional modificación de las leyes para permitir la reelección de Fujimori, o la continua presencia de la oscura sombra de Vladimir Montesinos, que controla los resortes de la represión interna, no han favorecido la imagen del presidente ni del régimen y constatan la militarización de la política peruana.

Tampoco podemos olvidar que el control senderista de la principal zona cocalera, y de otras, les está reportando a los terroristas ricos dividendos. Con el tiempo, ese dinero puede servir para reorganizarse y armarse siguiendo el modelo de las FARC colombianas. Además, la toma de la embajada japonesa por el MRTA ha puesto de manifiesto la facilidad de los terroristas para ser operativos y crear situaciones de gran inestabilidad política.

3.4.1 Antecedentes

Sendero Luminoso nació a finales de los años setenta entre un grupo de profesores comunistas de la Universidad de Huamanga, en Ayacucho. El pensamiento revolucionario, maoísta y radical de este grupo se extendió rápidamente entre las comunidades campesinas pobres, abandonadas por el gobierno y que siempre miraron con recelo a las autoridades de Lima y a las Fuerzas Armadas. La miseria y dejadez fue la estopa en la que ardió la revolución en sus primeros años, pero pronto los senderistas se decantaron hacia el lado más radical y violento, lo que fue creando rechazo entre las pacíficas comunidades del altiplano y la selva. Ya era tarde. Sendero controlaba amplios territorios y poseía gran capacidad de acción política y militar. El ejército fue incapaz de contener la expansión terrorista, a la que se unió en 1985 el Movimiento Revolucionario Tupac Amaru (MRTA). El MRTA, de orientación castrista y más activo en las zonas urbanas, con apoyos y contactos en Colombia y Bolivia, siempre se declaró enemigo acérrimo de Sendero.

En muchos casos fueron los campesinos los que organizaron sus propios grupos de autodefensa, «rondas campesinas», pobremente armados con palos, hondas, flechas o viejas escopetas de caza.

El nefasto gobierno del APRA y su corrupto presidente Alán García permitieron que a finales de los años ochenta los senderistas sembrasen el terror en la misma capital del Estado. Desde 1983 los terroristas contaron con el dinero fresco y abundante de la droga del Huallaga.

Cuando Fujimori alcanzó el poder en 1990 prometió acabar con el estado de excepción permanente en el que vivía Perú. Sin embargo, los dos primeros años de su mandato conocieron lo más sangriento de la sinrazón terrorista. Lima volvió al toque de queda, a los apagones continuos y a las dificultades de abastecimiento.

Algunos chivatazos y un primer golpe de suerte, en la primavera de 1992, permitieron capturar al líder del MRTA, Víctor Polay, que años antes había logrado escapar de la cárcel. Pero sería el 12 de septiembre —Lima salía de su invierno más cruel— cuando la suerte y las delaciones dieron a Fujimori la alegría más grande de su vida y un cheque en blanco por parte de los peruanos, todavía no agotado. Se había detenido a Abimael Guzmán y a 200 senderistas, la mayoría dirigentes.

4
ASIA

4.1 China

En la inmensa y superpoblada República Popular China se descubren focos de tensión y disidencia interna violenta a pesar del férreo control gubernamental. La incertidumbre que rodea la transición china hacia el año 2000, o lo que se conoce como el *posdenguismo*, crea preocupación, en especial ciertas actitudes nacionalistas y el endurecimiento de posturas en su política interna y externa.

La exhibición de fuerza militar frente a las costas de la «provincia rebelde», Taiwan, en febrero de 1996, no sólo era un aviso ante las elecciones taiwanesas dejando clara la inviabilidad de cualquier intento de secesión o ruptura. Algunos analistas ven en el despliegue militar un signo evidente del poder que el Ejército Popular de Liberación (EPL) ha adquirido en China y de que son los militares los que marcan la pauta política.

Existen otras señales que muestran la creciente influencia del EPL en los dictados del gobierno, y estas señales llevan siempre la vestimenta nacionalista. En el verano de 1996 el parlamento debatió la ley de defensa nacional que llama a luchar contra el independentismo y el separatismo. Paralelamente, según informó la agencia AFP, se llevó a cabo una amplia operación en la provincia noroccidental de Xinjiang, en la que se detuvieron 1.700 personas bajo la acusación de «actividades terroristas, separatistas y criminales». En esta región opera el Frente Unido Musulmán, movimiento armado que pretende crear una región independiente basada en el minoría uigur, de religión musulmana. Los uigures reciben apoyo de las vecinas repúblicas ex soviéticas de Kazajstán, Kirguistán y Tayikistán. En febrero y marzo de 1997 se intensificó la actividad terrorista, unida a una revuelta de la población musulmana. La intervención del ejército se saldó con una represión masiva, de la que al menos hay constancia de 50 fusilamientos sumarios, miles de detenidos y otros tantos obligados a desplazamientos forzosos. La región está bajo el toque de queda y la ocupación militar.

En la provincia de Mongolia Interior, la Alianza Democrática de Mongolia del Sur ya ha expresado, a veces de forma violenta, sus inequívocas intenciones separatistas y sus deseos de unirse a Mongolia.

La respuesta militar del régimen chino a cualquier disidencia o reivindicación nacionalista, étnica o política está en la desconfianza con la que los militares chinos observan la descentralización propugnada por la reforma económica en marcha y por el enorme poder que han adquirido algunos gobiernos provinciales gracias al despegue económico de los últimos años. No podemos olvidar que el EPL, además de factor político determinante, es el mayor conglomerado industrial de China, por lo que está muy interesado en cualquier asunto económico-financiero.

Otro síntoma del incipiente nacionalismo es la reivindicación de soberanía china sobre la totalidad de las aguas del mar del Sur. De inmediato, Indonesia, Vietnam, Malaisia, Filipinas y Myanmar se han movilizado en torno a las islas Natuma y Spratly, sobre las que también reclaman soberanía (ver Filipinas). China dice estar dispuesta a negociar fórmulas de explotación conjunta sobre los ricos recursos de esas aguas, pero no quiere hablar de la soberanía, que considera incuestionable.

En el mar del Sur reina una calma chicha en la que la presencia de barcos de guerra de las distintas Armadas puede ser presagio de tormenta. Hasta la fecha, el litigio que mantienen China, Corea del Sur y Japón por las islas Takeshina y Diaoyu (Tokdo y Senkaku, en coreano) se encauza por canales diplomáticos.

Otro aspecto significativo del régimen es la durísima represión interna. La lucha contra la actividad política es tan atroz que firmar una petición en defensa de los derechos humanos puede significar la cárcel, aunque la acusación formal sea la de bigamia.

Diversos informes de Amnistía Internacional (AI) o Human Rigths Watch hablan de redadas masivas y de líderes políticos encarcelados por motivos tan espurios como el de Lin Wensheng, condenado a siete años de prisión por «interrumpir el tráfico» durante las protestas de 1989 en Tiananmen.

En su enfebrecida lucha contra el crimen y la corrupción, las autoridades chinas han desatado una ofensiva, denominada «Golpea fuerte», en la que AI calcula que, en sólo dos meses desde su inicio, abril de 1996, fueron ejecutadas mil personas. Otras fuentes hablan de un total superior a las 6.000 ejecuciones, muchas de ellas públicas, durante los años 1996 y 1997. En China robar un coche puede llevar al cadalso. Otro ejemplo dramático fue la forma de celebrar el día mundial contra la droga (26 de junio): 769 traficantes fueron condenados a pena de muerte.

Diversos religiosos cristianos denuncian la persecución que sufren ellos mismos y sus fieles por celebrar la Semana Santa o infringir la férrea política de control de natalidad del gobierno.

Por último, señalar que numerosos informes de ONG vinculan cada vez más a China con la producción y el tráfico ilegal de armas hacia los países menos desarrollados, en especial hacia África y su entorno asiático-pacífico.

4.2 Tíbet

Aunque muy pocos lo saben, China está cometiendo un lento genocidio con la etnia tibetana: alrededor de millón y medio o dos millones de tibetanos han sido aniquilados desde la ocupación china. Las informaciones sobre este rincón del mundo son escasas porque las autoridades comunistas tienen selladas las fronteras y muy pocos están autorizados a entrar o salir del país. El máximo líder espiritual, el Dalai Lama, tiene prohibida la entrada, algo así como si al Papa se le negara vivir en el Vaticano. El empecinamiento chino ha llegado hasta la amenaza a los países que apoyen o reciban al Dalai.

El «techo del mundo» es la historia de una invasión que se prolonga en el tiempo hasta la actualidad. El más escondido de los espacios del mundo civilizado, vasta meseta a 4.500 metros sobre el nivel del mar, es considerado como un lugar atrasado, sin agua corriente ni ferrocarriles ni periódicos. Pero no es un lugar salvaje y primitivo, ya que durante siglos ha desarrollado una alta civilización particular y propia. Civilización que está a punto de ser extinguida por la represión y la colonización chinas.

Aunque Naciones Unidas siempre se ha mostrado a favor de la autodeterminación del Tíbet, y una comisión internacional de juristas dictaminó que el Tíbet es un Estado soberano independiente de hecho y por ley, las autoridades chinas jamás han respetado nada de la especificidad tibetana.

En 1950 un contingente de 80.000 soldados chinos invadieron el país en lo que el gobierno de Pekín denominó como «la liberación pacífica del Tíbet». En 1951 una comisión del Dalai Lama, bajo la presidencia de Kaln Ngabo Sawang, fue obligada bajo tortura a sellar un tratado de 17 puntos sobre las competencias y delimitaciones del gobierno tibetano, al que se le confería cierta autonomía y libertad religiosa, aunque China asumía todas las competencias en asuntos exteriores, defensa y presupuestos.

Las consecuencias de la invasión han sido devastadoras: desestabilización de los recursos alimenticios, genocidio, muerte de miles de personas por hambre, civiles utilizados como esclavos para la construcción de obras públicas, confiscación de propiedades, ejecuciones masivas de opositores, más de 6.000 monasterios arrasados, deforestación y agotamiento de la tierra y de los recursos minerales, daños irreversibles para el medio ambiente, destrucción de una de las civilizaciones más antiguas del mundo, colonización agresiva (seis millones de tibetanos frente a siete millones de colonos chinos)...

Hacia finales de los años setenta el Tíbet se había convertido en zona militar, guardiana del 25 % de la fuerza nuclear china (su posición cercana a la India le confiere un poder geoestratégico nada desdeñable para China). El coste fue el pogromo de 1,2 millones de tibetanos.

La Asamblea General de Naciones Unidas ha planteado la cuestión del Tíbet en varias ocasiones a lo largo de los años adoptando resoluciones que llamaban al cese de los abusos sobre derechos humanos y las libertades fundamentales. Los avances han sido nimios cuando no retrocesos.

El Dalai Lama redactó un plan de paz en 1987 (por ello le fue concebido el Nobel de la Paz) en el que solicitaba que el Tíbet fuera transformado en una zona de paz y que China dejara de enviar colonos causantes de la extinción de la propia raza tibetana, y pedía el respeto a los derechos humanos y la reconstrucción del medio ambiente. El plan no se materializó por el rechazo chino, lo que provocó una oleada de protestas.

Anualmente Amnistía Internacional, la comisión de derechos humanos de Naciones Unidas, Human Rights Watch y otras organizaciones internacionales redactan largos informes dando cuenta de las torturas, vejaciones e incumplimiento de los mínimos derechos fundamentales por parte de las autoridades chinas.

El estancamiento de la situación persiste y todavía están por nacer ideas nuevas y positivas para un futuro en paz que parece aún lejano. De lo contrario, lo que se logrará será la paz de los muertos tibetanos.

4.3 Indonesia-Timor Oriental

El fuerte estallido social de la primavera de 1998 consiguió apartar del poder a uno de los dictadores corruptos más viejo del planeta, el general Suharto. Las revueltas estudiantiles y los saqueos no eran sino la manifestación del hartazgo contra un régimen que, además de la popularidad, había perdido la batalla de la economía, su único pilar durante años. La grave crisis económica que sacudió todo el continente asiático en 1998 quebró una economía que durante años fue un modelo a imitar. La devaluación de la moneda, la inflación y una escandalosa deuda externa socavaron la dictadura militar mucho más que sus apaños electorales, su represión y su compra de opositores y partidos.

Las incertidumbres son muchas. La transición hacia la democracia está minada por un bancarrota durísima, unos partidos políticos muy enfrentados, con dos líderes de fuerte personalidad, el musulmán Amien Rais y la carismática Megawati Sukarno-Putri, a los que se ha unido el presidente del Senado Harmoko (antiguo fiel de Suharto), diversos conflictos étnicos, algunos movimientos independentistas y un ejército acostumbrado a mandar y controlar la economía, en el que los principales mandos son cristianos y nada amigos de los comunistas ni de los musulmanes de Rais.

Dentro de los políticos herederos de Suharto hay un claro enfrentamiento entre el primer ministro Habibe y un sector del ejército liderado por el general Wiranto, por un lado, y el antiguo hombre fuerte de las Fuerzas Armadas, el general Murdani, apoyado por el ex-ministro de Hacienda, Marie Muhammad, por otro.

La situación política interna venía deteriorándose desde el verano de 1996, cuando se desarrolló en la capital una verdadera batalla campal, que se saldó con media docena de muertos y 37 heridos. El motivo fue la toma por parte de la policía de la sede del principal partido opositor, el Partido Democrático de Indonesia (PDI), cuya líder es Megawati Sukarno-Putri, hija del héroe de la independencia y primer presidente de Indonesia.

Todo empezó cuando Suharto, apoyado por el ejército, intentó quitar la presidencia del PDI a Megawati, apoyando un congreso de la facción rebelde del partido. Esta maniobra sólo sirvió para hacer más popular a Megawati y dotarla de mayor autoridad moral y carisma.

El viejo general Suharto, de setenta y cinco años, tomó el poder gracias a un golpe de Estado en 1966, ante el avance de los comunistas. Desde entonces, apoyado por el ejército, controlaba todas las instituciones y resortes del país musulmán más densamente poblado de la Tierra.

Al margen del conflicto de Timor Oriental, existen en Indonesia varios movimientos guerrilleros independentistas en los archipiélagos de Aceh e Irian Jaya. Este último territorio era parte de Papúa-Nueva Guinea pero fue anexionado por Indonesia en enero de 1962, cuando lo abandonaron los holandeses, y tomado militarmente en agosto de 1969. Irian Jaya es el escenario de las acciones violentas del movimiento independentista y del ejército, que suponen un rosario de asesinatos, detenciones indiscriminadas, torturas, delaciones y desaparecidos.

En la isla de Borneo ha surgido un conflicto interétnico entre los aborígenes dayak y los colonos de la cercana isla de Madura, con los que el gobierno pretende repoblar la zona. Desde diciembre de 1996 se han contabilizado mil muertos y miles de personas sin hogar. Las mutilaciones de algunos cuerpos recuerdan el relato *Cazadores de cabezas de Borneo,* de Carl Bock, escrito en 1881.

La gravísima crisis del país y de todo Asia hace impredecible cualquier evolución de la crisis. El país es rico en reservas naturales y las inversiones internacionales han ido afluyendo hasta 1988.

Un consorcio internacional radicado en París donó, en 1994, 5.200 millones de dólares para inversión industrial; la compañía norteamericana Exxon firmó, en 1995, un acuerdo de explotación conjunto con el gobierno indonesio de una enorme reserva de gas natural cercana a las islas Natuna; Australia explota con Indonesia el petróleo del «Timor-Gap» en aguas de Timor Oriental; compañías norteamericanas, europeas y japonesas pugnan por el mercado de las telecomunicaciones, recientemente liberalizado. Todo ello, unido a la inmensa deuda externa —tercera del mundo, tras Brasil y México—, hace que hayan sido los países occidentales industrializados los principales sostenedores del régimen de Suharto. Y estos mismos países jugarán una baza capital en la recuperación y en el apoyo de un nuevo proceso de democratización, anunciado para 1999.

4.3.1 Timor Oriental

Olvidado internacionalmente —desde 1982 no ha figurado en la agenda del Consejo de Seguridad ni de la Asamblea General de Naciones Unidas—, la comunidad internacional lo considera un asunto entre Indonesia y Portugal. Sin embargo, son ya veinticinco años de violencia irredenta en un conflicto que nació por mor de la guerra fría, pero al que la ambición indonesia y la desidia internacional impiden dar una solución.

La cuestión de Timor hay que enmarcarla en el contexto de la Revolución de los Claveles (Portugal, abril de 1974) y el consiguiente proceso descolonizador de los territorios de ultramar del país vecino. Así, la independencia de Timor se hizo al ritmo de *Grandola vila Morena*, auspiciada por esa revolución romántica en la que el ejército portugués disparó claveles e ideales. Pero eso fue en Portugal, no en la colonia. El hecho es que Timor sufrió las mismas consecuencias que el antiguo Sahara español: descolonizarse en el momento en el que la colonia estaba más preocupada por su crisis interna que por los territorios de ultramar.

Ante la inhibición de Portugal, el Frente Revolucionario para la Independencia de Timor Oriental (FRETILIN), de orientación comunista, proclamó la República Democrática de Timor, en noviembre de 1975. Apenas un mes después Indonesia invadió Timor. En julio de 1976 fue proclamada la 27 provincia de la República de Indonesia. El control efectivo del territorio no se completaría hasta 1983. Naciones Unidas jamás ha reconocido la anexión, considerando a Timor «non self-governing territory» (territorio sin gobierno propio).

Las razones de la invasión hay que situarlas en el «síndrome de Cuba», la caída de Vietnam y el terror a la instauración de un régimen prosoviético en el corazón asiático del bastión estratégico y político del capitalismo. Tampoco le fueron ajenas las razones económicas, ya que el subsuelo timorés es rico en minerales e hidrocarburos.

El Pentágono aplaudió, y apoyó con suministros militares, la acción indonesia, alegando la importancia estratégica del estrecho de Timor (es uno de los pocos entre el Pacífico y el Índico, con aguas profundas, que permiten el paso inadvertido de submarinos nucleares).

Hasta hoy la represión indonesia no ha conseguido doblegar el sentimiento nacional timorés. Alrededor de 200.000 autóctonos han sido exterminados y se han producido importantes movimientos de población intentando indonesizar el territorio. El FRETILIN sigue activo y en las zonas montañosas del interior mantiene en jaque a las tropas invasoras. Además, el sentimiento de identidad nacional está muy presente en la generación más joven, nacida durante la ocupación.

Por otro lado, algunas personalidades han logrado aglutinar al pueblo timorés y gozan de un gran respeto y alta consideración moral y política: monseñor Carlos Felipe Ximenes, obispo de Dili, apoyado por el creciente catolicismo (Premio Nobel de la Paz 1996 junto a Ramos Horta); y José Xanana Gusmao, líder del FRETILIN, encarcelado en Yakarta, es la figura mítico-simbólica de la resistencia política, cuyo carisma podría convertirlo en un Nelson Mandela timorés. El propio José Ramos Horta ha reconocido que el verdadero merecedor del Premio Nobel de la Paz es Xanana Gusmao.

El régimen indonesio ha tratado siempre de que internacionalmente se vea la cuestión de Timor como un asunto interno controlado. Pero ni Naciones Unidas ni ningún país reconocen Timor como parte de Indonesia (salvo Australia, implícitamente, al explotar conjuntamente el petróleo del «Timor-Gap»). Naciones Unidas considera que el asunto debe resolverse entre Portugal y el gobierno de Yakarta, ofreciendo a los timoreses el derecho a la autodeterminación. Ésta es la postura que también defiende Portugal.

La durísima represión de Yakarta provoca que de cuando en cuando el mundo se indigne por los actos sangrientos de las fuerzas de seguridad. Aún se recuerda la matanza de más de 100 estudiantes en una manifestación independentista, el 12 de noviembre de 1991, en Santa Cruz (Dili). En noviembre de 1994, 30 jóvenes se encerraron en la embajada de Estados Unidos en Yakarta, con Bill Clinton de huésped, durante la celebración de la reunión de la APEC. Entonces el mundo recordó brevemente el problema de Timor Oriental.

Hasta la fecha no se puede ser muy optimistas sobre el tema. A pesar de las presiones de Portugal y el Parlamento Europeo, las negociaciones bipartitas Portugal-Indonesia no alcanzan solución alguna. A su vez, el ejército indonesio sigue su dura represión, como lo atestiguan las matanzas de civiles de Baucau y Liquica, en enero de 1995, o las redadas de 1996. Tampoco el FRETILIN abandona la violencia como vía para alcanzar la autodeterminación. Aunque también lleguen noticias de contactos y negociaciones de paz entre las diversas facciones timoresas (Austria, 1995), la paz está lejos.

4.4 Filipinas

Durante 1995 y 1996 se produjeron avances muy significativos en las conversaciones oficiosas de paz que el presidente Fidel Ramos mantiene con los diferentes grupos insurgentes. La principal novedad vino del Frente Moro de Liberación Nacional (FMLN), que firmó la paz definitiva en agosto de 1996. Se acababa así con veinticuatro años de guerra y con las reivindicaciones secesionistas de la población musulmana del sur, que han causado más de 50.000 muertos (120.000, según fuentes del FMLN). A este acuerdo se opone la mayor parte de la población cristiana de Mindanao —región del sur—, mayoritaria, que teme una islamización de la provincia al dar el poder político a los hasta ahora guerrilleros. Según el acuerdo de paz, el líder del Frente Moro, Nur Misuari, será el gobernador de Mindanao.

Esta noticia optimista no viene acompañada por acuerdos similares con los demás movimientos armados de Filipinas. Los rebeldes comunistas del Nuevo Ejército del Pueblo (NEP), brazo armado del Partido Comunista camuflado en el Frente Democrático Nacional, continúan su actividad guerrillera contra objetivos gubernamentales y empresariales. Es cierto que sus acciones disminuyeron durante 1996 y que la presión de las fuerzas de seguridad han debilitado al NEP.

Existe una facción disidente del Frente Moro, autodenominada Abu Saygaf, que opera en la isla de Basilan y que ha tenido duros enfrentamientos con el ejército y la población civil.

En octubre de 1995 el gobierno concedió una amnistía plena para los detenidos del grupo derechista Alianza Nacional Revolucionaria, responsable de varios intentos de golpe de Estado contra la ex presidenta Corazón Aquino. Esta ley de amnistía fue contestada en la calle con numerosas protestas, organizadas en buena parte por los familiares de los más de 200 muertos que causaron dichas intentonas.

Los informes de AI y de la comisión de derechos humanos de Naciones Unidas denuncian numerosas violaciones de los derechos fundamentales por parte de las fuerzas de seguridad filipinas en su lucha contraguerrillera. Al bombardeo indiscriminado de población civil, en la isla de Basilan, se unen las torturas, el secuestro arbitrario, las desapariciones y el asesinato de líderes o representantes de las comunidades indígenas. No obstante, al reducirse la actividad guerrillera y gracias a los esfuerzos democratizadores del presidente Fidel Ramos, las denuncias han disminuido respecto a años anteriores.

La mayor parte de movimientos rebeldes surgieron en los años setenta como forma de lucha contra la dictadura de Ferdinand Marcos. De todos ellos, el más activo y mejor organizado era el del Frente Moro de Liberación Nacional (FMLN). Su reivindicación fundamental era la independencia y la creación de una república árabe en la región sureña de Mindanao, con población árabe y religión musulmana, tradicionalmente enfrentada a la mayoría cristiana. Los ataques precisos y mortales del FMLN y la dura respuesta del ejército han causado enormes sufrimientos a una población pobre y han dividido a la sociedad según su religión. El Frente Moro ha llegado a movilizar a unos 20.000 hombres en los momentos de mayor actividad bélica.

Al margen de los conflictos internos, la tensión entre Filipinas y China ha aumentado desde 1995. A los tradicionales conflictos sobre caladeros de pesca se une el contencioso de las islas Spratly. Este pequeñísimo archipiélago, disputado, además, por Vietnam, Malaisia y Brunei, esconde ricos yacimientos de gas natural y petróleo. Por las Spratly se han llegado a movilizar las Armadas de los países señalados. China no sólo realiza incursiones militares frecuentes; también ha construido instalaciones en el cercano atolón de Mischief, levantando suspicacias y recelos entre sus vecinos.

4.5 Las dos Coreas

Aunque la mayoría de los analistas desprecian el escaso riesgo de guerra entre las dos Coreas, conviene destacar la situación de esta península, de apenas 222.000 km^2, donde se concentra la mayor cantidad de material bélico del mundo, incluidos ingenios nucleares, y que técnicamente sigue en guerra.

En la zona hay 37.000 soldados norteamericanos (en Corea del Sur), 650.000 surcoreanos y 1.100.000 norcoreanos, separados tan sólo por una franja de unos 240 kilómetros de largo y cuatro de ancho.

La división del territorio en dos países sigue generando fuertes tensiones internacionales y esporádicos enfrentamientos militares, como lo prueban los 50 norteamericanos y los 1.000 coreanos muertos desde 1953 (fecha de la firma del armisticio) y las frecuentes movilizaciones por las violaciones fronterizas.

En septiembre de 1996, un incidente elevó la tensión y el tono de las declaraciones al máximo. Un submarino espía norcoreano encalló en las costas sureñas. Once de los tripulantes aparecieron muertos. La versión oficial fue el suicidio, pero hay serias dudas. Otros doce murieron emboscados por el ejército, sólo hubo un superviviente.

La división sigue siendo un factor de desestabilización interna en Corea del Sur. La juventud surcoreana no se resigna a vivir en un país dividido y frecuentemente organiza masivas protestas contra su gobierno para presionarlo a negociar la reunificación. Las imágenes de la policía surcoreana intentando entrar en el campus universitario de Seúl, donde se atrincheraron 3.500 universitarios en agosto de 1996, recordaba las más duras refriegas del parisino Mayo del 68. La protesta había sido convocada con ocasión del Día de la Liberación (15 de agosto, que recuerda el final de la ocupación japonesa en 1945). La batalla campal con la que se desalojó a los estudiantes, una semana después, movilizó a 18.000 agentes y terminó con un saldo de más de 650 heridos y 1.000 detenidos.

Por su parte, Corea del Norte vive una situación dramática por la escasez de alimentos y las nulas reservas energéticas. Se ha convertido en uno de los países más herméticos del mundo, sin aliados desde el fin de la guerra fría. Sólo el tibio apoyo de China y el interés norteamericano por desmantelar sus instalaciones nucleares le conceden un lejano interés internacional. A la bancarrota interna se unen las desgracias naturales que en forma de inundaciones arruinaron las cosechas de 1995 y de 1996. La UNESCO asegura que los niños norcoreanos no reciben ni el 35 % mínimo recomendado de calorías: las raciones mínimas de cereales han pasado de 396 gramos a 99 gramos por persona (en los campamentos de refugiados de la ONU en África son de 623 gramos). En la primavera de 1997 llegó a pedir arroz a su enemigo del sur. La situación es tan desastrosa que se han dado casos de canibalismo.

La situación política tampoco es estable. En julio de 1994 murió Kim Il Sung, el dictador estalinista que sometió al país desde la guerra (1950-1953). El sucesor, su hijo Kim Zong Il, no ha logrado asumir el liderazgo en el partido, y en las fuerzas armadas es discutido por sectores influyentes.

En Corea del Sur los esporádicos incidentes fronterizos son utilizados como elementos propagandísticos del actual presidente, Kim Young Sum, a quien las violaciones fronterizas norcoreanas de abril de 1996 le sirvieron para aglutinar votos en torno a su candidatura. Además, la amenaza comunista del norte sirve de excusa para no perfeccionar una democracia y unas leyes sobre derechos humanos discutibles.

4.5.1 Antecedentes

La división de las dos Coreas es herencia de la confrontación bipolar. Fue el primer escenario internacional donde chocaron los dos nuevos mundos que surgieron tras la II Guerra Mundial. En 1950 estalló una guerra civil entre un sector comunista, al norte, apoyado por China y la URSS, y otro de corte capitalista, al sur, ayudado por tropas y material norteamericano. La guerra duró tres años, hasta que se firmó un armisticio que de hecho dividía en dos países antagonistas la península coreana. Al norte, con capital en Pyongyang, se establecía un gobierno marxista; al sur, con capital en Seúl, otro de libre mercado y pro occidental, separados ambos por una zona desmilitarizada de cuatro kilómetros de ancho.

Parar la guerra y trazar una línea divisoria, en torno al paralelo 38, no significó firmar la paz. Ninguno de los dos países se reconocen y a la vez que claman por la unidad desean la desaparición del gobierno contrario. Desde el armisticio se han registrado once incidentes fronterizos graves con más de mil muertos.

Tras la muerte de Kim Il Sung, Corea del Norte presiona a Estados Unidos para firmar un acuerdo de paz definitivo. Pyongyang chantajea con su programa nuclear —posee reactores con capacidad de enriquecer uranio con fines militares—. Aunque públicamente la administración Clinton no puede negociar la paz con Corea del Norte —dejaría en entredicho a su aliado del sur—, secretamente se reúne con el gobierno norcoreano intentando frenar su programa nuclear a cambio de suministros energéticos.

4.6 La India

En los primeros meses de 1996 diferentes agencias internacionales de noticias hacían escuetas referencias a enfrentamientos entre tropas indias y paquistaníes en la frontera del Estado indio de Cachemira, así como a escaramuzas llevadas a cabo por extremistas indios contra una mezquita situada en la Cachemira paquistaní y en la que murieron diecinueve musulmanes. No es más que la evidencia de la tensa realidad que sufre India, tensiones favorecidas por la existencia de dispares realidades, multiplicidad de razas, de grupos étnicos y lingüísticos, y diversidad de culturas y religiones que explican claramente el carácter heterogéneo de la sociedad india.

Por un lado puede hablarse de separatismos periféricos, regionalismos que luchan por alcanzar una nueva organización del mapa administrativo y cuyo objetivo es lograr desligar de un determinado Estado una región que se caracterice por agrupar una etnia diferente. Así, en Bengala (al nordeste) se reivindica la escisión de la zona de Gorjaland; en Assam, al sur de China, la tribu bodo, que habita al norte del río Brahmaputra, reclama como propio un territorio en este Estado oriental indio, importante por sus riquezas de té y petróleo, con una población de veintidós millones de habitantes y caracterizado por su enorme diversidad étnica. En su interior se gestó, en 1987, un grupo extremista armado denominado la Fuerza de los Tigres de Liberación de Bodolandia, y que lucha por crear el Estado de Bodolandia en parte del actual Assam, así como en territorios vecinos del norte del río Brahmaputra, aunque como parte integrante de la India. Consecuencia de sus actuaciones fue la muerte de al menos cinco mil personas durante los años 1994, 1995 y 1996 como resultado de actos violentos. En Bihar, al este, la situación aparece más tensa: Estado bastión del partido maoísta, se caracteriza por las profundas divisiones entre castas de ricos propietarios y pobres campesinos, a lo que se une el alto grado de criminalidad. Durante 1995 y 1996 murieron doscientas personas en enfrentamientos entre castas rivales, según informes periodísticos. Dentro de este mismo Estado, en Jarjand, al sur, se producen continuas movilizaciones violentas y durante el mes de julio de 1996 murieron 19 personas. La respuesta de la India en estos casos fue la concesión de «consejos regionales» como medio de impedir la ruptura de los Estados que conforman la nación.

Se suman a los regionalismos una serie de reivindicaciones de identidad que afectan a Estados en su conjunto y que apuntan hacia un separatismo armado. Son los casos del Punjab y de Jammu y Cachemira.

En el Punjab, tras años de enfrentamientos, parece haberse al-

Jammu y Cachemira: datos básicos

Extensión: 222.236 km^2.
Límites: Con China, al norte y al este. Con Pakistán al oeste. Al sur con los Estados indios de Punjab e Himachal Pradesh.
Administración paquistaní: Desde la primera guerra indo-paquistaní, Pakistán controla y administra 83.076 km^2 al nordeste del Estado, dividido en dos zonas: Azab Kashmir (Cachemira Libre) y Northern Areas.
Jammu: Parte sur del Estado, área de transición entre las llanuras indias y la cordillera del Himalaya. Es el punto a partir de donde la religión hindú comienza a ser minoritaria a favor de la musulmana.
Ladakh: Parte este del Estado. Situado en la meseta del Tíbet, al que le une una procendencia étnica común y la misma religión: el budismo tántrico (Vajrayana). Consiguió cierta independencia hasta la ocupación en el siglo XIX por el rey de Cachemira y luego, en 1849, por los ingleses. Forma parte de Jammu y Cachemira desde 1947. La invasión del Tíbet por China le convirtió en una de las zonas fronterizas más conflictivas de Asia. Predomina la religión tibetana.
Cachemira: Desde un punto de vista técnico, abarca el resto del Estado, pero en la práctica el nombre se usa para hacer referencia al valle de Cachemira, al nordeste del Estado. El 90 % de la población es musulmana, aunque posee una fuerte minoría hindú. Debido a su situación, en un valle a más de 1.000 metros de altitud, desarrolló a lo largo de los siglos una tradición tanto histórica como cultural diferenciada.

canzado una frágil y estacionaria estabilidad, pero, a pesar de todo, no dejan de denunciarse abusos a raíz de detenciones efectuadas al amparo de la ley antiterrorista TADA (Terrorist and Disruptive Activities Act). Desde principios de los años ochenta la etnia de los sijs actuó en reivindicación de mayor autonomía. En junio de 1984 y como consecuencia de la «Operación Estrella Azul» murieron cientos de sijs; en octubre Indira Gandhi es asesinada por dos de sus escoltas. Su sucesor, Rajiv Gandhi, intentó la reconciliación con el Partido Akal Dal, mayoritario en el Punjab e integrado por miles de militantes separatistas sijs. La situación no ha mejorado a lo largo de los años y parece cegada desde el asesinato del primer ministro del Punjab, Beart Singh, reivindicado por un grupo terrorista.

En Jammu y Cachemira el estado de la cuestión es mucho más complejo y grave. Se trata de un antiguo conflicto fronterizo entre Pakistán y la India, que reclaman la totalidad del Estado, y para el que no se ha encontrado un mecanismo propicio de resolución. La prensa refleja continuas matanzas dentro de una Cachemira con fuerte mayoría musulmana. Los disturbios armados reciben, una y otra vez, contundentes respuestas por parte de policías y militares indios en un círculo de manifestaciones, represión y terrorismo que ha llevado a la muerte a 11.000 personas entre 1899 y 1995, hasta convertirse en el parámetro geopolítico fundamental de Asia del Sur. Permanece impuesto sobre el Estado un régimen de administración directa o «President's Rule», y Pakistán no ha cesado de criticar las acciones de las tropas indias sobre el territorio. Amnistía Internacional denunció violaciones, torturas y saqueos indiscriminados por parte de las tropas militares indias, protegidas por la Ley de Facultades Especiales de las Fuerzas Armadas, que garantizaba la inmunidad de procedimiento a los miembros del ejército. Según el gobierno indio, las autoridades de Islamabad (Pakistán) alientan a los movimientos disidentes. Los campos de entrenamiento del valle de Cachemira se multiplicaron y numerosas zonas se sembraron de minas, explosivos y TNT como forma de estrategia militar de los rebeldes combatientes que intentan el debilitamiento de las autoridades administrativas, atentando contra el personal de los cuerpos de seguridad y contra edificios gubernamentales. La delicada situación motivó la puesta en marcha de un programa dirigido a reducir las tensiones y al inicio de un diálogo constructivo, pero las propuestas han sido rechazadas sistemáticamente.

Tres son los principales partidos políticos en lucha: el Frente de Liberación de Jammu y Cachemira (JKLF), defensor del nacionalismo cachemir y partidario de un «Azad Kashmir» o Cachemira Libre, es decir, de la total independencia, posee un formidable apoyo de las masas; el Hezb-ul Myuahidín pone el énfasis en el carácter islámico del Estado y lucha por su adhesión a Pakistán, aunque al igual que el JKLF piensa que la independencia o la unión a Pakistán debe decidirse una vez conseguida la liberación de la dominación india; y la Conferencia Nacional de la India, partidaria del mantenimiento de la integración.

4.6.1 Antecedentes

La crisis cachemir se remonta a la historia colonial del subcontinente indio. En el momento de la independencia de la India, los líderes nacionalistas defendían dos planteamientos en clara contradicción acerca de la constitución de los nuevos Estados: por un lado, la línea liderada por Jawaharlal Nehru, laica y democrática, afirmaba que el conjunto de los grupos étnicos, lingüísticos y religiosos únicamente podrían coexistir bajo el amparo de un Estado laico sólido. La visión de la Liga Musulmana defendía la necesidad de constituir una nación propia separada del resto de la India basándose en su especificidad musulmana. A pesar de los esfuerzos, la unidad resultó inalcanzable y se fue gestando un laberíntico modelo para dividir los territorios: los Estados de mayoría musulmana formarían el Estado de Pakistán. Pero más problemático fue el destino de los *Princely States* (Estados principescos): independientes sustantivamente, sus 565 gobernadores reconocían a la Corona británica como poder soberano en Asia del Sur. Al procederse a la descolonización, este pensamiento se desvaneció, al mismo tiempo que algunos dirigentes comenzaron a albergar deseos independentistas. Fue el caso del maharajá de Cachemira, Hri Singh.

En 1947 se plantea la partición de Cachemira sobre el principio básico de optar por la India o por Pakistán. La población musulmana suponía el 93 % del total de la población del valle de Cachemira e incluso el propio maharajá era musulmán. Una rebelión contra el maharajá le obliga a solicitar ayuda a la India, que puso como condición para intervenir la posterior adhesión del Estado, previa consulta al pueblo. Supuso la primera guerra indo-paquistaní y la fragmentación del Estado en dos zonas a partir de la línea de alto el fuego decretado el 1 de enero de 1949. El Consejo de Seguridad acordó la celebración de un referéndum. Sus resoluciones suponían la base jurídica para la resolución del conflicto. El gobierno indio se sumergió entonces en lo que denominó «integración constitucional de Cachemira a la India». La respuesta de Pakistán no se hizo esperar y se desencadena la segunda guerra indo-paquistaní en septiembre de 1965.

En 1972 Zykfikar Ali Bhuto e Indira Gandhi celebraron una reunión en Simla, en la que se modificó la línea de alto el fuego por la de control real. India fundamenta, desde entonces, su posición en el artículo dos del acuerdo de Simla, en el que se especifica que los dos países se comprometen a resolver sus diferencias por medios pacíficos, a través de negociaciones bilaterales o por cualquier otro medio pacífico acordado mutuamente. Así, para la India se trata de un problema bilateral a resolver entre las dos partes de forma directa. Pakistán, por el contrario, se apoya en el artículo uno, en el que se afirma que los propósitos y principios de la Carta de las Naciones Unidas debe fundamentar las realizaciones entre los países. Su estrategia, por tanto, es lograr la internacionalización del conflicto,

LA INDIA Y SU PERIFERIA

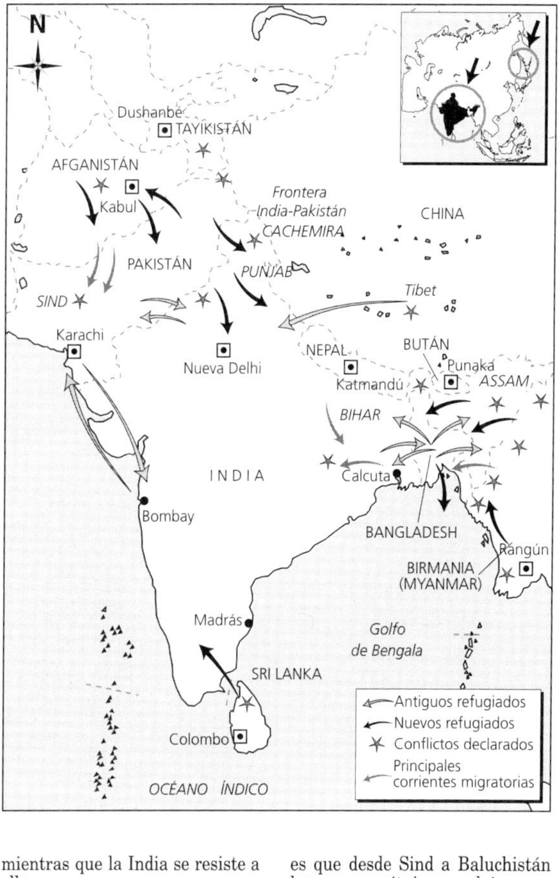

mientras que la India se resiste a ello.

Desde 1989 se agudiza la crisis y en 1990 se impone la «President's Rule». Pero, aunque resulte contradictorio, el aumento de la violencia en la zona supuso una disminución de la amenaza de una internacionalización de la cuestión.

Pakistán no tiene interés alguno en comenzar una nueva guerra contra la India, tanto por motivos internos como por motivos de estrategia militar. Un enfrentamiento bélico supondría un gran coste político: una derrota incentivaría las tendencias secesionistas del interior del país, y es que desde Sind a Baluchistán los grupos étnicos podrían aumentar sus presiones si comprobaran la debilidad militar paquistaní. Aunque el resultado fuera la victoria, los militares podrían creerse con el derecho a gobernar el país. Por otro lado, los costes económicos serían enormemente acusados en una nación con dificultades considerables. Después de la guerra del Golfo de 1990, las posibilidades de una ofensiva parecen más lejanas ya que Pakistán, gracias a su participación en la fuerza multilateral, ha adquirido un nuevo papel a los ojos de Estados Unidos.

La India también pagaría un

alto precio en caso de desencadenarse un conflicto armado. Ha hecho frente durante largo tiempo al movimiento terrorista del Punjab, que no parece desaparecer. Internacionalmente, una guerra en el subcontinente deterioraría las relaciones exteriores indias, donde la inversión privada norteamericana ha experimentado un paulatino crecimiento, algo que podría ponerse en peligro.

El presumible futuro de la crisis cachemir parece ser el mantenimiento de la situación tal y como se encuentra en la actualidad. Ambos países han desarrollado sus capacidades nucleares, lo que ha impuesto una situación de recíproca persuasión.

Las fronteras no se han visto alteradas sustancialmente desde el alto el fuego de 1949. Cabe preguntarse si la comunidad internacional apoyaría la modificación de unas fronteras que se han mantenido inalteradas durante más de cuarenta años. De ser así, sentaría importantes precedentes ya que siempre se ha resistido a que tal hecho ocurriera. Pacificar la situación política y económico-social de la India es un deber que corresponde a los indios, pero necesita también del apoyo de la sociedad internacional, ya que el equilibrio en esta región beneficiaría a la estabilidad de todo el sur de Asia.

4.7 Bután

Situado en la vertiente meridional del Himalaya, este pequeño Estado cubierto de montañas y extensos bosques permanece aislado del resto del mundo. Nominalmente, una antiquísima monarquía ostenta la representación del país, pero un tratado de amistad perpetuo con la India, firmado en 1946, le hace depender totalmente del gobierno de Nueva Delhi.

Colonizado por los ingleses, en 1910 la Corona británica otorgó al país independencia interna a cambio de mantener relaciones exteriores sólo con la metrópoli. Este acuerdo inspiró el que actualmente rige con la India.

Territorio poblado mayoritariamente por tibetanos de religión budista, llegados en el siglo XVII, existen zonas de población nepalí que desde hace décadas están sufriendo una importante discriminación por parte del gobierno y la población tibetana, traducida en pogromos y expulsiones masivas.

Amnistía Internacional viene denunciando continuas violaciones de los derechos humanos por parte del gobierno butanés. Hay documentados numerosos casos de torturas (la *chepuwa*, que consiste en aplastar las piernas de la víctima entre listones de madera).

Según estimaciones de Naciones Unidas, unos 90.000 nepalíes originarios del sur y el este de Bután sobrevivían en campos de refugiados en Nepal. Las conversaciones que ambos gobiernos mantuvieron en 1995 se saldaron sin resultados positivos.

Numerosas organizaciones han denunciado a los gobiernos indio y butanés, pero nadie parece estar interesado en un problema que afecta a unos 250.000 nepalíes en uno de los rincones más perdidos y olvidados del mundo.

Los ataques contra esta minoría no sólo proceden del interior del país; también la comunidad tribal bodo, asentada en Assam, al norte de la India, ataca y fustiga a los nepalíes del sur de Bután.

Como era de esperar, ya se han detectado reacciones armadas por parte de la comunidad nepalí. Se cree que en los campos de refugiados se ha organizado un grupo armado que desde 1995 realiza ataques esporádicos infiltrándose en el sur de Bután. A los ataques responde un «grupo de voluntarios locales» (fuerza de defensa civil) amedrentando a los nepalíes, y en algunos casos llegando a ejecuciones y saqueos de poblados.

4.8 Sri Lanka

El 28 de febrero de 1996 un comando suicida lanzó un camión bomba contra la sede del banco central de Sri Lanka. Murieron 100 personas y resultaron heridas 1.400. Era la respuesta de los Tigres de Liberación del Eelam

Tamil (LTTE) a la ofensiva lanzada por el ejército tres meses antes, y que supuso la pérdida de los principales bastiones guerrilleros en Jaffna, al norte de la isla. El atentado, en pleno centro de Colombo, la capital, era el aviso de que los Tigres no aceptaban de buen grado perder la iniciativa.

Desde entonces, muy especialmente en el verano de 1996 y en enero de 1997, se libran los más duros combates en trece años. El norte de la isla vive en guerra civil sin ningún vencedor claro. Batallas con más de 1.200 muertos (la destrucción de la base militar de Mullaitivu el 20 de julio), el ataque gubernamental de un mes después, con 250 muertos en un solo día, o el avance guerrillero de enero de 1997, que en una semana causó 1.000 muertos, han acabado con las buenas perspectivas que las elecciones de 1994 habían deparado.

En agosto de 1993, el partido izquierdista Alianza del Pueblo, dirigido por Kumaratunga Banderanaike, terminó con diecisiete años de gobierno conservador, que había llevado al país a la miseria económica, a la guerra secesionista y al abandono de la democracia. En noviembre de 1994, Kumaratunga alcanzó la jefatura del Estado y la esperanza volvió al pueblo. La presidenta tenía una mayoría holgada y excelentes relaciones con su todopoderoso vecino (India), y prometía entablar negociaciones de paz y devolver al país al sistema parlamentario y democrático.

El año 1995 se abrió con una tregua aceptada por los Tigres tamiles como paso previo a las conversaciones de paz, que se estancaron a los pocos meses. El líder guerrillero V. Prabhakarán ordenó una ofensiva, en octubre, con el objetivo de dominar más territorio y ser más fuerte en la mesa de negociación. A la ofensiva rebelde contestó el ejército llegando incluso a tomar la capital tamil, Jaffna. La situación volvía al punto de partida: el enquistamiento del conflicto tras una sucesión de derrotas y victorias por ambas partes.

El nuevo recrudecimiento del conflicto hace que se desvanezcan los previsibles dividendos de la paz. La inversión extranjera, indispensable para financiar la política social prometida y el desarrollo económico iniciado en 1994 (crecimiento anual del 6 %), se ha retraído espectacularmente durante 1996.

Por su parte, el ejército adquiere más poder, interviene más en la vida política y social en detrimento de las posiciones políticas más moderadas y permite a los militares enterrar las acusaciones de corrupción y violación sistemática de derechos humanos. También la guerra da razones al Frente de Liberación del Pueblo Cingalés (JVP), partido que reivindica la defensa de la comunidad cingalesa (mayoritaria en Sri Lanka), que en la década pasada creó unos temibles escuadrones de la muerte —armados por la policía y los militares— encargados de vengar las muertes por acciones tamiles.

4.8.1 Antecedentes

El recurso a la violencia del independentismo tamil, en 1971, no fue sino el detonante de una situación de crisis que se venía larvando por las contradicciones políticas y económicas en las que vivía Sri Lanka. Los años cincuenta y sesenta habían creado un Estado proteccionista de avanzada política social que garantizaba la paz social. Pero el crecimiento de la población hizo insostenibles los gastos estatales y comenzaron los actos de protesta y la violencia.

Los Tigres de Liberación del Eelam Tamil (LTTE) reivindican la independencia de las regiones del norte y del este, donde la etnia tamil es mayoritaria, si bien la población no es totalmente homogénea. En el norte existen bolsas de cingaleses de religión budista, y de tamiles musulmanes enfrentados a los independentistas. El este es aún más multiétnico, con casi un 32 % de tamiles musulmanes y un 25 % de cingaleses dispersos por todo el territorio costero.

Las pretensiones de independencia y el malestar social generalizado fueron respondidos, tras las elecciones de 1977 ganadas por el Partido Nacional de Jayawardene, imitando el modelo de Singapur: una autoridad fuerte —el presidente— que permita estabilizar la economía. El autoritarismo de Jayawardene acabó con las instituciones democráticas, se formaron importantes clientelismos económicos y se instauró un régimen de excepción que degeneró en un Estado policial.

El LTTE pasó a la lucha armada en 1983 ante las nulas respuestas a sus demandas y la situación de discriminación del pueblo tamil. En la segunda mitad de los ochenta la situación era de guerra civil, con el ejército realizando pogromos contra los tamiles y los rebeldes aumentando su capacidad operativa.

Para enmarañar más el conflicto se introdujo el elemento indio. Desde 1980 la India, vecino tutelar de la isla, financiaba y daba cobijo a la guerrilla tamil como forma de atacar al régimen de Colombo, al que consideraba demasiado pro-americano y pro-paquistaní. En 1987 Rajiv Gandhi, presidente indio, y Jayawardene firmaron un acuerdo por el que se reconocían ciertas reivindicaciones a los tamiles separatistas, y la India quedaba como garante y responsable de la paz en el norte y el este de Sri Lanka.

El acuerdo fue un grave error. El LTTE no lo aceptó y vio en la India un nuevo enemigo, hasta tal punto que se sospecha que el asesinato de Rajiv Gandhi (mayo de 1991) fue obra de los independentistas tamiles. El ejército indio sufrió la guerra de guerrillas de los Tigres, lo que a la larga le obligó a retirarse de la isla. Tampoco la población cingalesa aceptó el acuerdo: fue interpretado como una cesión de su gobierno ante el imperialismo indio.

En 1988 fue elegido Ranasinghe Premadasa nuevo presidente de un gobierno muy débil. Esta debilidad fue aprovechada por los guerilleros para conquistar territorio y establecer una administración tamil en Jaffna, y por los paramilitares del JVP para actuar con impunidad. Desde entonces la guerra se bloquea entre ofensivas y contraofensivas. Los Tigres tamiles actúan de forma salvaje e indiscriminada sobre un territorio demasiado grande para su capacidad real de control. El ejército, gangrenado por la corrupción y las deserciones, es incapaz de derrotar militarmente a los rebeldes.

El 1 de mayo de 1993 la guerrilla tamil atentó contra el presidente Premadasa. Su muerte, pensaron los rebeldes, sumiría al país en el caos; sin embargo, favoreció la vuelta de la oposición democrática. La victoria electoral de Kumaratunga trajo esperanzas con hechos concretos: el levantamiento del estado de excepción, la democratización del país, la colaboración con la India, el nombramiento del jurista tamil Kadirgamar como ministro de asuntos exteriores y la tregua. Pero hoy el horizonte de paz y democracia es un sueño reflejado sólo en los anuarios de 1994 y 1995.

El resultado de estos años de lucha son más de 70.000 muertos, 600.000 desplazados internos, 200.000 refugiados en la India y otros tantos por todo el mundo.

4.9 Camboya

El líder comunista Hun Sen tomó el poder en julio de 1997, después de un golpe de Estado y varias semanas de combates contra las tropas del príncipe Rannaridh, con quien compartía el poder desde 1993, tras un plan de paz auspiciado por la ONU. Los enfrentamientos armados en la capital, Phnom Penh, se acompañaron de numerosas detenciones y asesinatos de políticos notables ligados al partido de Rannaridh, el FUNCIPEC. El jefe del Estado, el rey Norodom Sihanuk, que se encontraba en Pekín en tratamiento médico, fue uno de los pocos miembros de la familia real que no debió huir precipitadamente. Las detenciones masivas y las purgas políticas han vuelto a Camboya tras unos años de relativa calma.

Las tensiones entre los dos coprimeros ministros siempre fueron latentes, pero desde que en el verano de 1996 la guerrilla de los jemeres rojos empezó a mostrar sus disidencias internas, la lucha entre Hu Sen y Rannaridh por captar para sus bandos a los guerrilleros arrepentidos adquirió carácter bélico.

El apresamiento del histórico líder jemer Pol Pot, en junio de 1997, por parte de su propia guerrilla, fue el detonante para que las tensiones políticas se transformaran en batallas cruentas. Ya en agosto de 1996, Iang Sery, ministro de Exteriores con Pol Pot y su *número dos* y cuñado, pasó al lado de Hu Sen. Comenzaba así la disolución de la guerrilla jemer.

Desgraciadamente, parece que los esfuerzos internacionales llevados a cabo por la ONU, y las enormes cantidades donadas por numerosos países desde 1993, no han servido para consolidar la paz y la democracia. La incertidumbre ha vuelto a adueñarse del país.

De cualquier forma, no se debe olvidar que la situación anterior al verano de 1996 era la de una guerra de guerrillas que enfrentaba a las Reales Fuerzas Armadas Camboyanas (RFAC) y al Ejército Nacional de Kampuchea Democrática (ENKW), más conocido como Jemer Rojo. Las fuerzas rebeldes controlaban zonas del norte y del oeste del país en sus fronteras con Tailandia, y cuentan con efectivos y armamento suficiente para devastar y aniquilar poblaciones y cultivos, como vienen demostrando desde 1991, cuando se negó a firmar los acuerdos de paz y reconciliación nacional.

La provincia de Battambay fue el escenario preferido de los insurgentes. Actuaban como un ejército guerrillero disciplinado: asaltos nocturnos a poblaciones campesinas, asesinato de líderes locales y maestros, emboscadas a patrullas de soldados y destrozo de cultivos agrícolas. Otro de los blancos preferidos son los turistas y ciudadanos extranjeros cuya cabeza puede suponer 8.000 dólares (40 veces el salario medio anual de un camboyano). Con esta táctica los jemeres dicen castigar a los gobiernos occidentales que prestan su apoyo al régimen de Phnom Penh.

Las RFAC tampoco han caracterizado sus acciones por el respeto a los derechos humanos y su proceder se confunde con las acciones guerrilleras.

La situación política fue siempre complicada. El gobierno de coalición estaba dirigido por el primer ministro, príncipe Krompreah N. Rannaridh, líder del Frente Nacional Unido por una Camboya Independiente, Neutral, Unida y Cooperativa (FNUCINPC), y por el segundo primer ministro Hun Sen, dirigente del Partido del Pueblo Camboyano. A las críticas internacionales por la situación de los derechos humanos, la corrupción y la escasa trasparencia del proceso político, desde 1995 se unieron disidencias y críticas internas. El 2 de julio de 1995 hubo un fracasado golpe de Estado, encabezado por un hijo del rey y el entonces ministro del interior. El ex ministro de Hacienda Sam Rainsy ha fustigado la mala gestión de la ayuda internacional, acusando al gobierno de corrupción e incuria.

Entre los años 1991 y 1995 la comunidad internacional fue muy generosa con Camboya. Tras los acuerdos de paz de París —23 de octubre de 1991— se celebraron tres Conferencias Internacionales para la Reconstrucción de Camboya (CIRC). Antes de disolverse y pasarle el testigo al Banco Mundial, la CIRC concedió 472 millones de dólares en 1995 y 13.000 para 1996. La ayuda japonesa entre 1994 y 1995 ascendió a 773 millones de dólares. El Banco Mundial ya ha anunciado el recorte de la ayuda económica futura, siempre condicionada a un draconiano plan de ajuste.

Por su parte, Naciones Unidas lanzó, a finales de 1991, la operación más ambiciosa de su historia. Durante un periodo de transición se confió el poder a una «Autoridad Provisional de las Naciones Unidas en Camboya» (APRONUC), dotada con un presupuesto de 3.000 millones de dólares, más de 15.000 *cascos azules*, 3.600 policías y 5.000 funcionarios y civiles contratados. La misión de APRONUC era desarmar y acantonar al 70 % de las fuerzas militares en litigio, crear un «entorno político neutral» que permitiera elecciones constituyentes; reconstruir el país, repatriar a 350.000 refugiados en Tailandia y proteger la soberanía de Camboya. Aunque el país pudo celebrar elecciones y gozó durante tres años de libertades y derechos casi olvidados por sus ciudadanos, Naciones Unidas abandonó el país en 1994, dejando una inestable democracia, unas infraestructuras muy débiles y una guerrilla que se negaba a aceptar el gobierno establecido.

Mirando al futuro, Camboya se enfrenta con un grave problema por los millones de minas diseminadas en sus campos. Algunas estimaciones aseguran que hay más minas en los arrozales y campos de cultivos que camboyanos, y uno de cada cuatrocientos habitantes ha quedado mutilado o herido por uno de estos artefactos. La mayoría de las minas seguirán matando o cercenando miembros hasta el 2025.

La situación de los refugiados en Tailandia sigue siendo muy precaria: son utilizados por los guerrilleros y por las autoridades tailandesas, y Camboya a veces se niega a admitirlos, por considerarlos terroristas o carecer de documentación. Además, los refugiados no hacen sino aumentar la tensión entre Camboya y Tailandia, que a veces, como en enero de 1995, estalla en combates.

4.9.1 Antecedentes

La actual situación camboyana no es sino el legado terrible de tres guerras continuas y demenciales que soportó el país desde finales de los años setenta hasta los citados acuerdos de París en 1991.

Entre 1966 y 1970 las guerrillas comunistas mantuvieron en jaque al gobierno del príncipe Sihanuk —el actual rey—, que, a pesar de sus intentos de negociación y arbitraje, fue depuesto en marzo de 1970. El nuevo hombre fuerte del país era el general comunista Lon Nol. Tres meses más tarde, Estados Unidos, enloquecido por sus reveses en la guerra de Vietnam, decidió bombardear Camboya con la excusa de romper las vías de aprovisionamiento del Vietcong. Tras devastar el país y causar millares de víctimas, los americanos olvidaron Camboya después de la precipitada salida de Vietnam (1975). En pocos meses Camboya cayó en manos de los comunistas Jemeres Rojos, pasándose a llamar República de Kampuchea Democrática. Comenzaba así la segunda y más demencial guerra civil conocida. El régimen encabezado por Pol Pot perpetró el mayor autogenocidio de la historia. Entre 1975 y 1979 fueron asesinados cerca de millón y medio de camboyanos, otro medio millón tuvo que huir a los países vecinos. El abuso del régimen llevó al país a la esquizofrenia. La primera orden de Pol Pot al tomar la capital, Phnom Penh, fue evacuar a sus tres millones de habitantes con la consigna de convertir Kampuchea en un país agrícola. Se intentó borrar todo resto del pasado, crear una sociedad revolucionaria y marxista partiendo de cero. Se comenzó asesinando a maestros y profesores y se terminó por no distinguir a las víctimas. La locura de aquella barbarie se simboliza en el monumento a los muertos a las afueras de la capital: una gran torre con 17 pisos de cráneos y huesos de 900 cadáveres exhumados en ese lugar, estratificados según la edad y los sexos de los muertos.

La locura de los jemeres terminó con la invasión del ejército vietnamita (7 de enero de 1979). La Kampuchea Democrática de Pol Pot fue sustituida por la República Popular de Camboya, con un gobierno satélite de Hanoi y tutelado por China.

Finalmente, la tercera guerra enfrentó durante doce años a los protectores chino-vietnamitas con una extraña coalición sustentada por Estados Unidos y los países capitalistas del sureste asiático, en la que estaban tres organizaciones tan dispares como enfrentadas entre sí: los Jemeres Rojos de Pol Pot, el FUNCIPEL del rey Sihanuk y el Frente Nacional de Liberación del Pueblo Jemer del ex primer ministro Son San.

Sólo la desaparición de la URSS y el nuevo clima de distensión propiciaron una tregua que permitió entablar negociaciones de paz. Los acuerdos de París

(1991) fueron ratificados por todas las partes enfrentadas a excepción de los Jemeres Rojos. Pol Pot y su ejército se refugiaron en el norte del país al abrigo de la frontera tailandesa y la espesura de la selva y volvieron a la guerra.

4.10 Myanmar

La tensa y dura situación de Myanmar suele aparecer esporádicamente en la prensa por las masivas redadas de políticos opositores y por las acciones y escritos de la más carismática líder de la oposición: Aung San Sun Kyi, premio Nobel de la Paz 1991. Esta mujer de aspecto débil, cuerpo de junco y voz firme posee una determinación y un coraje que seis años de arresto domiciliario no han podido vencer.

Myanmar está regido por una junta militar —Consejo de Estado para la Restauración y el Orden Público (SLORC)— que no reconoció el resultado de las elecciones celebradas en mayo de 1990. La junta militar no es más que la continuación de treinta años de dictadura que ha sumido al país en el caos económico y en el enfrentamiento civil entre las diferentes etnias que lo pueblan.

En la actualidad existen diversas guerrillas activas que responden a los intereses de grupos étnicos minoritarios y marginados por la mayoritaria etnia birmana, de religión budista (60 %). Myanmar es una explosiva Macedonia asiática: en la llanura central habita la mayoría birmana, pero en las alturas y montañas que circundan la planicie vive un mosaico pluriétnico de minorías nagas, kachins, chins, shans, karennis, mons, karens y rohingyas.

Desde 1990 la represión del ejército ha ido aumentando, a la vez que crecía su ya impresionante presupuesto y obtenía diversas victorias militares. Los triunfos se han visto facilitados por las disidencias en el Ejército Democrático Budista Kachin (DKBA), de etnia karen, y la neutralidad del ejército tailandés, tradicional enemigo del régimen de Rangún y principal valedor de las guerrillas. Aunque los karens han aceptado un teórico alto el fuego, siguen teniendo una alta capacidad militar que demuestran de vez en cuando, como en marzo de 1995, cuando volaron las instalaciones del complejo petrolífero francés Total.

La menor actividad de los insurgentes karens ha permitido a los militares centrarse en la lucha contra el Ejército Mong Tai. Esta guerrilla del pueblo shang está comandada por un contrabandista que, gracias al narcotráfico de opio, logró comprar armamento, incluidos cohetes Sam-7. Desde 1994 se encuentra cercado y sin muchos recursos a causa de la cruzada que la administración Clinton lleva en Asia contra los productores de opio.

Otro factor importante son los apoyos que el SLORC está recibiendo del exterior. China ha firmado un contrato de equipos militares por valor de 400 millones de dólares a cambio de ventajas estratégicas en diferentes islas myanmas en el mar de Andamán. La India, inquieta por el acercamiento chino-myanmo, ha iniciado contactos a nivel militar y comercial con el régimen de Rangún. Sin embargo, los intercambios más intensos se están llevando a cabo con los miembros de la ANSEA (Asociación de Naciones del Sudeste Asiático).

Por contra, la democratización del país sigue estancada. Las actividades de Suu Kyi y su partido, la Liga Nacional para la Democracia (LND), son controladas, cuando no prohibidas, por los militares. En junio de 1996 la LND pretendió celebrar su congreso en la casa de la líder, a la vez que redactaban una constitución paralela. La reunión pudo celebrarse, entre otras cosas, por el explícito apoyo occidental, si bien más de 400 delegados de la LND fueron encarcelados por acudir al congreso. En la última semana de septiembre se detuvo a otros 500 militantes de la LND, en una nueva oleada intimidatoria contra la oposición.

4.10.1 Antecedentes

Myanmar obtuvo su independencia de Gran Bretaña en 1948,

pero su andadura ha sido terrible. Primero vivió en guerra civil contra los comunistas y contra los soldados nacionalistas chinos huidos de la victoria maoísta. En 1962 un golpe de Estado llevaría al general Ne Win al gobierno de Rangún instaurando «la vía birmana hacia el socialismo», que en realidad encubría la toma del poder total por el ejército. El país cayó en un desbarajuste económico que sólo sirvió para engordar más a los militares y facilitar el contrabando. Se estima que en la década de los ochenta el mercado negro birmano suministraba el 80 % de los bienes de equipo del país. En este marco de corrupción y caos, la minorías rebeldes y movimientos guerrilleros también supieron sacar beneficio del contrabando: al controlar zonas fronterizas gravaban con tasas el comercio o se encargaban ellos mismos de realizar sustanciosas operaciones. Esto y el opio les permitió proveerse de armas.

El desorden económico devino en miseria, agravada por la represión política. La frustración y pobreza se hizo insostenible en 1988 cuando todo estalló en una gran revuelta social. Miles de estudiantes y obreros murieron durante las manifestaciones por la brutal respuesta policial. Las cárceles se llenaron de adolescentes y trabajadores. Pero la protesta no pudo ser detenida y los militares optaron por un nuevo golpe de Estado. Ne Win fue depuesto y el Consejo de Estado para la Restauración y el Orden (SLORC) tomó el poder el 18 de septiembre. Durante dos años el SLORC permitió la creación de partidos y, en un ambiente más pacífico, convocó elecciones legislativas para mayo de 1990. Creyendo controlar todos los resortes del poder, quedaron sorprendidos cuando la LND de Suu Kyi —ya en arresto domiciliario— obtuvo 392 escaños de los 485 en juego, lo que era imposible de ocultar o amañar. El SLORC, pillado a contrapié, reaccionó no aceptando el resultado, encarcelando a la mayoría parlamentaria y endureciendo el régimen militar.

En este contexto represor se ha venido desarrollando la batalla contra la etnia rohingya, en el distrito de Rakhine. Este pueblo musulmán es el blanco preferido de la mayoría birmana. Considerados como ciudadanos de segunda clase, extranjeros venidos de Bangladesh —cuando en realidad son birmanos huidos—, se les rechaza por su origen árabe y persa y su antigua lealtad a la Corona británica. En los años ochenta los rohingya formaron una guerrilla insurgente, hartos de tanta discriminación.

Entre 1991 y 1993 casi 300.000 rohingya huyeron a Bangladesh para escapar de las levas militares forzosas, el reclutamiento obligatorio para obras públicas, los intentos estatales de redistribución de minorías y de las acciones represoras del ejército. Estos refugiados se hacinaron en diecinueve campamentos junto a la frontera del país vecino, hasta que Bangladesh les obligó a marcharse. Afortunadamente se permitió a ACNUR organizar su repatriación. En 1995 una buena parte había retornado, aunque con miedo, ya que el régimen militar no ofrece ninguna garantía en la protección de sus derechos. Otra gran parte no puede volver, al ser considerados «activistas políticos o enemigos de los militares».

Por su parte, en la frontera con Tailandia se encuentran refugiados birmanos huidos a finales de los años ochenta y principios de los noventa por las acciones militares. Los principales afectados son los miembros de la etnia karen, karenni y mon. Tailandia apoyaba a estas minorías como forma de enfrentamiento al régimen de Rangún. Sin embargo, en los años noventa esta política cambia y las buenas relaciones entre los dos gobiernos obligan a los refugiados a huir a zonas de selva, lejos de los pueblos tailandeses, o a alistarse en los movimientos guerrilleros. Desde 1995 han sido frecuentes los ataques y asesinatos perpetrados por el ejército tailandés contra estos refugiados. Como señala Médicos Sin Fronteras, los refugiados birmanos sufren una penosa situación sanitaria al vivir en una región infestada por un tipo de malaria muy contagiosa y letal. Además, ACNUR no está autorizado para intervenir en la zona.

4.11 El Pacífico Sur

4.11.1 Papúa-Nueva Guinea

Este país, situado en las antípodas de España, vive desde 1989 una situación de violencia de la que se desconocen muchos datos, ya que sus autoridades mantienen un gran hermetismo. Ni las repetidas peticiones de observadores internacionales —Amnistía Internacional y el CIRC— ni el relator especial de la Comisión de Derechos Humanos de Naciones Unidas han tenido acceso al país.

En marzo de 1997 se produjo un grave enfrentamiento entre el gobierno y el ejército, por la pretensión del primero de contratar a mercenarios extranjeros para combatir a la guerrilla secesionista del Ejército Revolucionario de Boungaville (ERB), que opera en la isla del noroeste. Los mandos militares no aceptaron la idea del primer ministro, Julius Chan, de dejar en manos de «asesores» foráneos, pagados a precio de oro, la lucha contraguerrillera. Esto suponía admitir el fracaso de los generales y un agravio comparativo, ya que muchos militares cobran sueldos ridículos y con retrasos. En medio de la crisis, que sumió al país en el caos, algunos generales fueron cesados por criticar al gobierno, y éstos a su vez se negaron a reconocer la autoridad del primer ministro.

El ERB comenzó su lucha armada en 1988 con el objetivo de lograr la independencia de un grupo de islas con capital en Boungaville. El origen del enfrentamiento está en la reivindicación de muchos propietarios de tierras que desean recibir beneficios de una rica mina de cobre, que el gobierno explota en sus territorios. Los enfrentamientos fueron especialmente violentos en diciembre de 1994. En 1995 Julius Chan inició unas conversaciones de paz que no fueron aceptadas por los secesionistas.

Las Fuerzas de Defensa de Papúa-Nueva Guinea (FDPNG) y el grupo paramilitar Fuerzas de Resistencia, respaldadas por el gobierno, se han caracterizado por una dura represión, en la que no se respetan los derechos humanos exigibles a cualquier autoridad. Existen infinitas denuncias, presentadas ante la Comisión de Derechos Humanos de Naciones Unidas, de ejecuciones extrajudiciales, homicidios arbitrarios y torturas sistemáticas a los detenidos.

La impunidad con la que actúan las fuerzas de seguridad y sus acólitos paramilitares ha creado un ambiente de violencia en el que se constatan más de 12.000 muertos o desaparecidos desde 1988. En este contexto se enmarcan las disputas frecuentes por la propiedad de la tierra, especialmente en las tierras altas occidentales (noroeste del país), en las que las manifestaciones de campesinos se han saldado con muertes por la contundencia policial.

La tensión se incrementa por la existencia de grupos guerrilleros en la otra parte occidental de la isla —la provincia de Irian Jaya, anexionada militarmente por Indonesia en 1962—, que a menudo buscan refugio en Papúa.

5
LOS CONTORNOS EX SOVIÉTICOS

Cuando la Unión Soviética se descosió en 1991 salieron a la luz, o estallaron de forma dramática, numerosos conflictos de toda índole que el *cemento* comunista había logrado contener —que no desaparecer— gracias a la imposición político-militar, o a los más dramáticos recursos de los desplazamientos forzosos o pogromos étnicos.

La paulatina independencia de las repúblicas ex soviéticas evidenció lo falsario de un régimen que quiso establecer divisiones administrativas y homogeneizar áreas de población olvidando la historia y la razón —excepto la razón de Estado—. También se reveló como negativa la herencia de un sistema económico y social que recurrió al localismo, al clientelismo y a las más diversas formas de corrupción para mantener el estatus dominante desde la revolución de 1917.

Dos zonas se muestran hoy especialmente problemáticas y sufren, en forma de guerras civiles, étnicas, religiosas o territoriales, las peores consecuencias del legado comunista: el Cáucaso y Asia central. Ambas han sido a lo largo de la historia línea fronteriza y de paso entre diversos mundos y civilizaciones que nunca terminaron de asentarse definitivamente. Sobre todo el Cáucaso, donde la historia depositó un sedimento tan heterogéneo de pueblos, religiones y luchas añejas que la sovietización no hizo sino empeorar la ponzoña histórica. Sobre los lodos del pasado el comunismo dejó un poder mediatizado por las dependencias de Moscú y los clientelismos locales, una desastrosa situación económica, un conglomerado de instalaciones ligadas a los hidrocarburos, poblaciones desplazadas, nuevos agravios étnicos y armas, muchas y sofisticadas armas. Un dato fundamental de la situación del Cáucaso, y en menor medida en Asia central, ha sido la dificultad de distinguir entre la formación de unas fuerzas armadas nacionales y la consolidación de unidades paramilitares de naturaleza diversa.

En las orillas del antiguo imperio soviético queda una guerra, secuela de la bipolarización de las pasadas décadas, que en los años noventa devino en guerra civil: Afganistán. Éste es uno de los enfrentamientos más largos y sangrientos que la guerra fría ha legado al futuro; la sangre de un millón de muertos riega los valles y las montañas afganas, y la cifra aumenta diariamente.

5.1 El Cáucaso

La cordillera montañosa del Cáucaso da nombre a un territorio poco mayor que España (541.000 km^2) donde conviven nueve grandes etnias, setenta secundarias y la babel de 80 lenguas diferentes. Quizá el caso más anecdótico, pero que no deja de ser una prueba significativa del galimatías, lo protagoniza el pueblo de los aul, en Daguestán: apenas cuatrocientas personas que viven encerradas en un valle con idioma propio.

Esta tierra, donde se situaron algunos de los más hermosos e imperecederos mitos que han llegado a nosotros —el Jardín del Edén, el Arca de Noé, el Vellocino de Oro, Prometeo, Heracles y Pandora—, hoy sigue siendo el caldo de cultivo envenenado de otro de los mitos más extendidos del siglo XIX: el nacionalismo de base étnica.

Al damero de pueblos, religiones y lenguas se une otra leyenda que determina la condición estratégica del Cáucaso: el petróleo. Las reservas de la zona se estiman en 57.000 millones de barriles. Toda el área es un imbricado laberinto de pozos de petróleo, oleoductos, gasoductos, refinerías y puertos de embarque que hacen mucho más compleja cualquier reivindicación territorial, étnica, política o social.

Por si algo faltara en la región, la historia contemporánea no ha hecho más que confundir, enmarañar y quebrar las identidades que los siglos anteriores habían formado. Al terremoto de la desaparición del imperio otomano, tras la I Guerra Mundial, se sumó la política de desplazamientos forzosos de Stalin. Entre 1918 y 1922, el entonces comisario de nacionalidades cedió a Georgia parte de Abjasia y el resto lo anexionó a Rusia. Tras la II Guerra Mundial, el ya presidente soviético deportó a millones de chechenos, inghuses, karachais y balkarios a Siberia y Asia central, acusados de colaborar con los nazis. Con la rehabilitación de estos pueblos —en 1957, muerto Stalin—, muchos no pudieron regresar porque sus tierras y hogares habían sido ocupados por nuevos moradores. A esta locura la acompañó la remodelación, más de treinta veces, de las fronteras administrativas de la región.

A continuación se señalan los principales focos de tensión, obviando el caso checheno por ser el más conocido y el que con cierta frecuencia aparece en los medios de comunicación. Chechenia es uno más, quizá el más violento y el de mayor interés internacional al implicar directamente al ejército ruso. Sin embargo, el Cáucaso está lleno de conflictos potencialmente más peligrosos, sangrientos y complejos que el checheno. En esta parte del mundo, la complejidad misma y las consecuencias impredecibles sirven de muro de contención a los enfrentamientos.

5.1.1 Georgia

Los georgianos fueron los dominadores de casi toda la Transcaucasia, en los siglos XII y XIII, bajo la égida de los bragatidas, dinastía derrotada por los mongoles. Rusia se la anexionó en 1783, y en 1921 los bolcheviques, tras tomar la capital, Tiflis, la incorporaron a la URSS. La república alcanzó la independencia el 9 de abril de 1991. El presidente Eduard Shevarnadze, antiguo ministro de asuntos exteriores de Gorbachov, pactó el ingreso en la Comunidad de Estados Independientes (CEI) en 1994, tras varios meses de guerra civil y pedir al ejército ruso que hiciese de fuerza de interposición.

Dentro de Georgia, al norte, radica la región autónoma de Abjasia —no reconocida por el gobierno de Tiflis—, donde se concentra la población de la misma etnia. En agosto de 1992 los abjasos, el 18 % de esta región, liderados por Gamsajurdia, proclamaron su independencia en contra del 60 % de georgianos. El conflicto fue inevitable. El ejército georgiano entró en la capital de la región, Sujumi, con todo su poderío de carros de combate y artillería. Lo que se imaginaba como un paseo militar georgiano terminó en carnicería, sin vencedores claros. Los abjasos supieron ganarse el apoyo de otras minorías —griegos, rusos, armenios— y la simpatía de Moscú. La guerra causó 20.000 muertos y casi 300.000 refugiados, y sólo la intervención rusa pudo detener los combates.

La Federación Rusa nunca ocultó su apoyo a los abjasos como forma de defender a las minorías, y sobre todo a los rusófonos, de la antigua Unión Soviética. Además, una Abjasia autónoma y tutelada permite a los militares rusos ampliar su acceso al mar Negro, limitado tras perder Crimea y Odessa.

La implicación de Moscú obligó a Shevarnadze a firmar un acuerdo de alto el fuego, en julio de 1993. La situación permanece empantanada. Los georgianos no retirarán a sus soldados de la región ni les concederán autonomía a los abjasos hasta que a los 270.000 georgianos huidos no se les permita regresar. Mientras, en Abjasia se han organizado bandas paramilitares que asesinan o atemorizan a todo georgiano que pretenda retornar. Tras la guerra, los abjasos son la etnia mayoritaria en la región.

Los combates se han detenido gracias a la permanencia de tropas rusas como «fuerzas de interposición» y a la presencia de observadores de la ONU y la OSCE, que controlan el alto el fuego. Sin solución definitiva, el conflicto sigue latente y puede estallar de nuevo. De la inestabilidad interna da cuenta el intento de asesinato frustrado contra el presidente Shevarnadze, en agosto de 1995.

El otro conflicto que se desarrolla en Georgia es del Osetia del Sur. El pueblo oseto se halla dividido en dos entidades: Osetia del Norte, república autónoma dentro de la Federación Rusa, y Osetia del Sur, que pertenece a Georgia, la cual no reconoce su condición de región autónoma. Los osetos septentrionales quieren la unificación y miran a Moscú, su aliado natural, ya que son el único pueblo cristiano de la zona —junto a armenios y georgianos— y siempre fueron un bastión ruso en medio del mar musulmán. En 1993 y 1994 se registraron fuertes combates en Osetia del Sur, con millares de muertos (no hay cifras oficiales) y 50.000 refugiados. De nuevo la presencia militar rusa detuvo las luchas.

La solución negociada parece imposible: Georgia como mucho concedería una autonomía laxa; los osetos del sur quieren la unificación con sus hermanos del norte, dentro de la Federación Rusa; Osetia del Norte, con excelentes relaciones con Georgia, no desea enfrentarse a sus vecinos a causa de la unificación; Rusia, a pesar de sus simpatías por los osetos del sur, se opone a cualquier modificación de las actuales fronteras para que no cunda el ejemplo dentro de la Federación.

5.1.2 Azerbaiyán

Sobre su territorio se han desarrollado varios conflictos que tras la disolución de la URSS se han convertido en internacionales. El más grave es el de Nagorni Karabaj. El enfrentamiento ancla sus raíces en una historia trágica y obstinada, a la que no le son ajenas las guerras y los irracionales desplazamientos de Stalin. Este pequeño enclave situado en Azerbaiyán está poblado por una mayoría de armenios cristianos que, en teoría, gozaban de autonomía, pero que en realidad estaban desde 1923 sujetos a pogromos por mor de las políticas de población dictadas desde Moscú o Bakú.

En febrero de 1988, el parlamento de Karabaj pidió la reunificación con su vecina Armenia. La respuesta fue una matanza de armenios (27-28 de febrero) por parte de las autoridades soviéticas de Bakú. Poco después, Moscú rechazó las reivindicaciones armenias y estallaron los combates. La situación se agravó en 1991 con las declaraciones de independencia de Armenia y Azerbaiyán. Los azeríes pusieron fin al estatuto de autonomía, nominal, de Nagorni Karabaj, que, por su parte, proclamó la independencia. Las luchas se multiplicaron y se hicieron más sangrientas. El ejército azerí machacó el enclave. El drama humano aumentó cuando las autoridades armenias de Karabaj impidieron la salida de los refugiados «para que no se despueble la región». Hasta febrero de 1992 los azeríes llevaron la iniciativa bélica y controlaron la zona, pero en febrero las fuerzas armenias desencadenaron una gran ofensiva victoriosa. Apoyados por el ejército de la República de Armenia, los armenios de Karabaj lograron controlar la región y expulsar a los azeríes. Los armenios homogeneizaron el enclave, limpiaron los alrededores de población azerí y posteriormente establecieron un pasillo uniendo Nagorni Karabaj con la República de Armenia. Los contornos actuales de Karabaj son un glacis armenio que *de facto* ha sido incorporado a la República de Armenia.

Con la victoria militar la situación parece estancada gracias a un precario alto el fuego firmado en mayo de 1994. Atrás quedan 30.000 muertos, 300.000 armenios desplazados y 850.000 azeríes expulsados de sus hogares; todo por una guerra iniciada en nombre de los 140.000 armenios de Karabaj.

Como en cualquier conflicto de la zona, el factor determinante

EL CÁUCASO

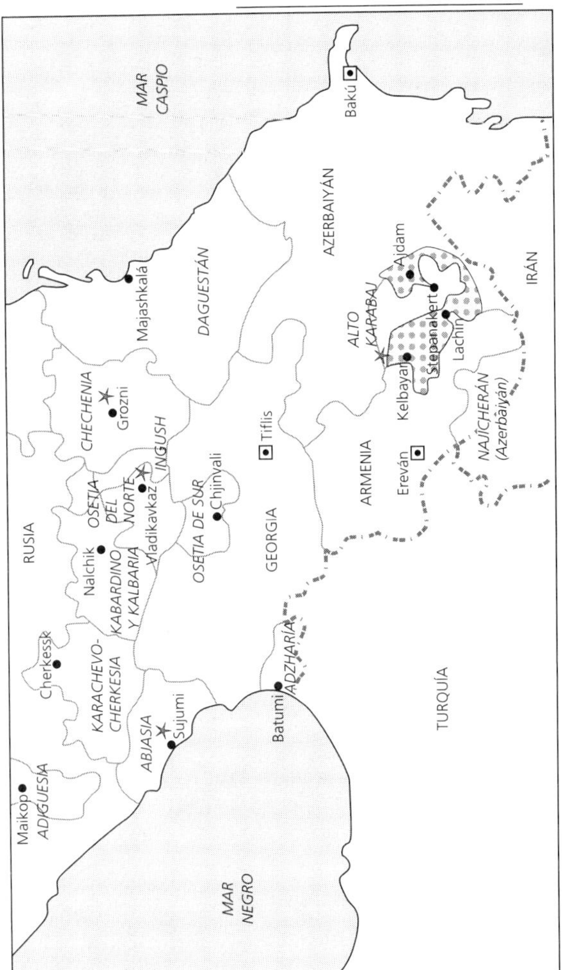
MAR CASPIO
Bakú
AZERBAIYÁN
DAGUESTÁN
Majashkalá
Ajdam
IRÁN
ALTO KARABAJ
Stepanakert
Lachin
Kelbayar
NAJÍCHERÁN (Azerbaiyán)
CHECHENIA
Grozni
INGUSH
Tiflis
ARMENIA
Ereván
OSETIA DEL NORTE
Vladikavkaz
OSETIA DE SUR
Chjinvali
GEORGIA
RUSIA
Nalchik
KABARDINO Y KALBARIA
ADZHARÍA
Batumi
TURQUÍA
Cherkessk
KARACHEVO-CHERKESIA
Sujumi
ABJASIA
Maikop
ADIGUESIA
MAR NEGRO

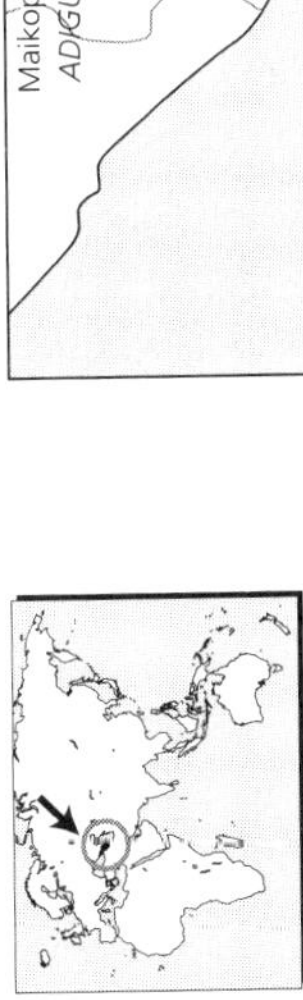

Conflictos abiertos
Zonas controladas por los armenios

fue Moscú. Entre 1988 y 1992, el Kremlin decidió apoyar a los azeríes; de ahí sus iniciales victorias. Con la llegada de Boris Yeltsin, Rusia cambió su apoyo hacia los armenios, controlando el *tempo* de esa ayuda (cedió el material de guerra estacionado en las repúblicas un poco antes a los azerbayanos para después dar material a la República de Armenia), y la vida política de Azerbaiyán (provocando una revuelta, armada por las últimas unidades rusas, que trajo al poder a Geider Aliev, comunista de la época de Breznev, más afín a Moscú). El jefe del comité de la Duma Estatal Rusa admitió, en abril de 1997, que el gobierno de Moscú entregó a Armenia, entre 1993 y 1996 y sin contrato alguno, 50 carros de combate, 84 blindados, 70 cañones de largo alcance, 227 millones de balas, 10.000 pistolas, fusiles y ametralladoras, así como un centenar de misiles.

Pero en Azerbaiyán nunca se puede olvidar el viejo adagio que afirma: «En Bakú el petróleo, la sangre y la política están siempre unidas». El sistema soviético ideó una extensísima red de oleoductos siempre en dirección norte, hacia Moscú y el interior de Rusia. Tras la independencia azerí, el apoyo ruso a Armenia y la guerra chechena —Grozni es el nudo gordiano de dicha red—, el petróleo dejó de circular. Con unas instalaciones vetustas e inservibles, las compañías norteamericanas y británicas han puesto sus ojos en el petróleo del Caspio y sueñan con un oleoducto que una los pozos azeríes con los de Kuwait. Ésta sería una posible salida hacia el sur, igual que el proyecto de tender un oleoducto hasta el Mediterráneo atravesando Turquía.

Rusia y Armenia se oponen a estos proyectos. Moscú boicotea las conversaciones de paz entre Azerbaiyán y Armenia y trata de restablecer la red petrolífera en Chechenia. Irán también desea conectar sus instalaciones con las azeríes. Su estrategia es ir penetrando cultural y religiosamente a través de la comunidad shií del sur de Azerbaiyán. Un posible consorcio petrolífero entre Irán y Azerbaiyán disgustaría tanto a Rusia como a las compañías occidentales.

En la actualidad, Armenia sobrevive gracias al apoyo y los suministros de la Federación Rusa, ya que Azerbaiyán y su aliado Turquía iniciaron en 1993 un bloqueo de combustible como última arma de los vencidos. El paupérrimo poder adquisitivo de la población fue el detonante de la revuelta social que tuvo lugar la última semana de septiembre de 1996, en Ereván, la capital. La excusa inmediata fue el controvertido resultado de las elecciones presidenciales (22 de septiembre) que dieron la victoria al presidente Ter-Petrosian. La oposición, encabezada por Vazguén Manukian, acusó a las autoridades de fraude. La revuelta se saldó con dos muertos, 200 heridos, Ereván tomado por carros de combate y seis diputados de la oposición acusados de terrorismo.

Otro conflicto latente en las fronteras azerbayanas es el del pueblo Lesghin. Los lesghinos viven separados por la frontera natural del río Samour en dos Estados: 235.000 en la orilla de Daguestán (Federación Rusa) y 175.000 en la orilla de Azerbaiyán, más casi un millón diseminados. El anhelo lesghin es alcanzar la unidad dentro de la Federación Rusa. En mayo de 1993 se produjeron choques violentos en los que murieron miles de lesghines en territorio azerí. Como es costumbre en el Cáucaso, las tropas rusas impusieron la paz tutelada. Aunque muy pocos han oído hablar de ellos, sigue siendo un pueblo vindicativo que procura inestabilidad a la región, más cuando algunas cifras hablan de 700.000 lesghinos en todo Azerbaiyán. Su unidad y autonomía resultan quiméricas: Moscú no se enfrentará a Bakú por un pueblo pequeño y sin recursos, aunque Azerbaiyán reclame el territorio lesghin que hoy pertenece a Daguestán.

Por último, conviene no olvidar que dentro de la República de Azerbaiyán viven minorías importantes, capaces de provocar inestabilidad, como son los kurdos, los tates y los talijis.

5.1.3 Otros conflictos caucásicos

— *Ingushetia:* Se enfrenta a su vecina Osetia del Norte por la región de Prigorodni. En 1994 se registraron choques violentos. Moscú apoya a los osetos, mientras que los pueblos islámicos de la zona respaldan a los ingushes.
— *Krasdonar:* Alberga a refugiados armenios y chechenos que luchan contra los cosacos partidarios del nacionalismo ruso.
— *Adiguesia:* Desea formar un Estado independiente unido a Abjasia.
— *Daguestán:* Con más de 40 etnias diferentes, soporta continuas tensiones, especialmente en el norte, donde los bilik reclaman autonomía plena. Ésta es la república de la Federación Rusa con más potencial de conflicto interétnico; la mayoría de los analistas pensaban que la guerra chechena se contagiaría y quedaría minimizada por la explosión en Daguestán. La misma complejidad contiene los conflictos.
— *Najicherán:* Provincia azerbaiyana al sur de Armenia (anexionada en 1921, según los dictados de Stalin), busca su reincorporación a la República de Armenia.
— *Adzharia:* Región autónoma al sur de Georgia, con población islámica que desea unirse a los lazis musulmanes de Turquía.
— En la región de Mozdok existen importantes disputas fronterizas, así como en Karachevo-Cherkesia y en Karabardino-Balkaria, donde conviven tres nacionalidades distintas y numerosas bolsas de población cosaca.

5.2 Tayikistán

La situación que padece esta antigua república soviética es tan desastrosa y compleja como desconocida.

En 1992 sufrió seis meses de atroz guerra civil que provocó 50.000 muertos, medio millón de desplazados y 60.000 refugiados en Afganistán. Se estima que desde 1992 hasta ahora los muertos alcanzan los 150.000. Aunque rige un incierto alto el fuego, el país sigue en guerra, sufriendo la triste herencia del comunismo. En Tayikistán las aparentes luchas ideológicas, étnicas o religiosas camuflan los verdaderos microconflictos: la pelea entre facciones, clanes y distritos por controlar la tierra y el poder.

La población vive en la miseria, hasta el punto de que el informe de ACNUR de 1995 cuenta que algunas personas llegaron a comer hierba durante los duros inviernos de 1993 y 1994. La inestabilidad política se agrava con sublevaciones militares, asesinatos de gobernantes y opositores, y unas interminables conversaciones de paz.

Los acontecimientos del verano y otoño de 1996 no dejan muchos resquicios a la esperanza. La guerrilla islámica, atrincherada en las montañas del Pamir y en Afganistán, hostiga al gobierno comunista presidido por Rajmónov y a las tropas rusas que custodian la frontera de la CEI. El grupo paramilitar Frente Popular de Tayikistán, vinculado al gobierno, sigue perpetrando atentados contra la oposición política islamista y facciones rivales. Estas luchas han alcanzado de lleno a la población civil, como en el caso del pueblo de Kurgan-Tyube, totalmente destruido por los combates entre unidades rivales del Frente Popular. En enero de 1996, dos guarniciones del ejército se rebelaron contra el gobierno en una especie de intentona golpista. Una semana después se firmó un acuerdo por el cual dimitieron dos ministros, tal como pedían los alzados.

Los cambios producidos en Afganistán vienen a crear más inestabilidad y a aumentar el riesgo de enfrentamientos violentos. Ambos países comparten 1.100 kilómetros de frontera que a su vez es frontera de la CEI, cuya defensa Rusia asume como algo propio. Cabe esperar que las milicias talibanes afganas ayuden a la guerrilla musulmana contraria a Rajmónov. De hecho, durante 1997 se han registrado combates en Kalaijumb, feudo musulmán tayiko, desde donde los insurgentes trataban de penetrar en Afganistán para ayudar a sus hermanos talibanes.

Esta zona fronteriza, donde además se han refugiado las tropas y milicias derrotadas por los talibanes, se anuncia como uno de los puntos más calientes del futuro cercano. El conflicto podría extenderse a Uzbekistán según se desarrolle la política de alianzas en el país vecino, donde uno de los principales generales, Rashid Dostum, está al frente de una poderosa tropa de origen uzbeko. En definitiva, el complejo polvorín está listo para estallar. Quizá su misma complejidad evite el desastre.

5.2.1 Antecedentes

Tayikistán, independiente desde octubre de 1991, es la más pobre de las repúblicas ex soviéticas. Su población la componía un 60 % de tayiks, un 20 % de uzbekos y un 20 % de rusos (la mayoría huidos tras la desaparición de la URSS y la guerra civil).

El país fue un invento de Stalin, que sobre cierta unidad lingüística tayik creó una república soviética donde no había clara identidad nacional, entre otras cosas porque las grandes ciudades de la civilización tayik —Samarkanda o Bujura— quedaron en Uzbequistán.

Durante la época comunista se desarrolló el juego político determinante de todo en esta república: el «localismo», la lealtad hacia el propio distrito, clan o área, por encima de cualquier otra cosa. Así, los grandes beneficiarios de las pasadas décadas fueron los joentis (habitantes del distrito de Joyent) y los kuliabis (cercanos a la frontera sur con Afganistán). El resto de los distritos, alejados del poder, fueron el caldo de cultivo de una oposición estructurada por el islam.

La desaparición del comunismo soviético no afectó a Tayikistán, y tras la independencia el poder continuó en manos de los antiguos políticos comunistas, apoyados por los joentis y los kuliabis. Sin embargo, la oposición islamista, paradójicamente apoyada por Moscú, formó el Partido del Renacimiento Islámico (PRI), que se alió con las fuerzas democráticas deseosas de cambio.

En abril de 1992 los «islamodemócratas» se manifestaron en la capital, Dushanbé, en contra del gobierno comunista de Nabiev. A pocos metros se manifestaban los kuliabis a favor del régimen. La chispa saltó y comenzó la masacre que dio origen a la guerra civil. Al mes siguiente caía el gobierno y se instauraba un nuevo régimen al mando de los «islamo-demócratas». Éstos eran muy débiles en el plano militar; sólo contaban con una guerrilla mal armada y unos pocos voluntarios ismaelíes.

Durante la primavera de 1992 la potente división motorizada 201 que Rusia mantenía en Tayikistán se quedó al margen, pese a la ayuda solicitada por el nuevo gobierno. En septiembre los kuliabis y procomunistas iniciaron una contraofensiva con el apoyo explícito de la vecina República de Uzbekistán y el tácito de Moscú. En diciembre, después de duros combates, las milicias del comunista Emomali Rajmónov, de origen kuliabi, tomaron la capital y recuperaron el poder. La represión posterior ensangrentó el país y vinculó al enemigo a una religión (el islam) y a unos territorios (el valle del Garm, las montañas del Pamir y el distrito de Kurgán Teppé) sobre los que se ensañó el ejército y las bandas paramilitares del PRI.

El localismo y la defensa de las distintas etnias enmarañaron más la guerra con sus paranoicos ajustes de cuentas y exterminio de bandas y pueblos rivales. La oposición islámica encontró refugio en las montañas y en Afganistán, desde donde lanzó un contraataque en la primavera de 1993.

El papel de Rusia ha sido el de acumular hombres en la frontera con Afganistán (treinta mil soldados de la CEI con mando ruso a lo largo de los 1.100 km de frontera), dificultando la ayuda a los islamistas y dando así su apoyo al gobierno comunista. Desde julio de 1995 los guardafronteras rusos son blanco de la guerrilla, lo que ha implicado directamente al ejército de la Federación Rusa, cuya aviación hostiga periódicamente el norte de Afganistán, donde se aprisca la guerrilla.

Por su parte, Uzbekistán, muy preocupado por la amenaza islámica, aporta, desde el verano de 1992, armas, tropas y apoyo aéreo a los comunistas tayikos, además de la ayuda económica y política nunca negada y base del régimen de Rajmónov. El Kremlin ve con simpatía este «protectorado» uzbeko, que le descarga de ciertas responsabilidades, a la vez que pública y propagandísticamente auspicia las conversaciones de paz iniciadas en 1994. Boris Yeltsin recela de los islamistas, cada vez más vinculados a Irán, pero carece de auténticos intereses estratégicos en Asia central. Escamados con la guerra de Afganistán, se limitan a apoyar a los gobiernos conservadores que garantizan cierta estabilidad.

El armisticio de 1994 sigue siendo violado por ambas partes, derivando hacia un conflicto de baja intensidad, pero nunca agotado. Las rondas de conversaciones celebradas en Kazajstán y en Turmekistán (1995) acabaron sin acuerdos. Por contra, el gobierno de Rajmónov ganó en marzo de 1995 las elecciones parlamentarias, con lo que se asienta aún más en el poder. Pero los guerrilleros, con el apoyo de afganos y otros movimientos islamistas de Pakistán e Irán, prosiguen su lucha sin desfallecimiento aparente.

5.3 Afganistán

La exitosa ofensiva de las milicias talibanes, en septiembre de 1996, dejó la mayor parte del país en manos de unos luchadores fanáticos, de etnia pasthún, y unos *mulas* (religiosos islámicos) que están sometiendo al país a base de *kaláshnikov* y Corán —en su interpretación más restrictiva—. Las mujeres han perdido todos sus derechos y los hombres conservan sólo los que decidan los *mulas*.

La caída de Kabul (27 septiembre 1996), y con ella la huida del gobierno de Burhanudin Rabani, dejó al 70 % del país en manos de las milicias integristas. El gobierno provisional pretendió acorralar a las tropas gubernamentales en el valle del Panshir mientras iniciaba la reconstrucción de un país exangüe. Al mismo tiempo, conscientes de que sus escasos 15.000 hombres armados no podrían atender a dos frentes, intentaron negociar con las milicias uzbekas del general Dostum, que controlaba seis provincias del norte, pero finalmente éste se unió al contraataque de las tropas del antiguo gobierno de Rabani y Masud, situando una precaria línea de frente cerca de la capital y dividiendo al país en dos. Con la ofensiva lanzada a finales de mayo de 1997 los talibanes lograron dividir a las milicias de Dostum, quien buscó refugio en Turquía, pero fueron rechazados por la coalición de shiíes y tayikos comandados por Masud.

En la parte que no dominan los talibanes, en el noreste, se concentran los grupos que antes tenían repartido el país:

- los *mujahidines*, reagrupados en torno al presidente B. Rabani y su comandante Masud, en su mayoría de etnia tayika;
- los *uzbekos*, liderados por el antiguo general comunista Rashid Dostum aunque divididos en varias facciones desde mayo de 1997;
- los *hazaras shiítas*, liderados por Alí Mazarí y respaldados por Irán;
- la *guerrilla de Hekmatiar*, primer ministro de Rabani, formada por radicales *pasthúns* enfrentados a los talibanes, que fueron aliados de Pakistán hasta 1994.

El cambio en el gobierno de Kabul ha levantado muchos recelos y temores en Asia central. Los talibanes siempre han considerado Bujumurá y su entorno en Uzbekistán como tierra sagrada y parte de Afganistán.

Irán nunca vio con buenos ojos al Talibán por ser una facción musulmana enfrentada a los shiítas y protegida por Arabia Saudí. India, tradicional enemigo de Pakistán, por principio rechaza cualquier éxito que beneficie a su vecino-enemigo y que, por otra parte, otorga más poder a los musulmanes. Rusia recela de cualquier poder que pueda poner en peligro las fronteras de la CEI y de movimiento alguno que soliviante a sus repúblicas asiáticas con población musulmana. Y ya hemos visto las inquietudes tayikas.

El éxito espectacular de los talibanes —en dos años se han apoderado de un país que llevaba veinte en guerra— hay que bus-

AFGANISTÁN Y TAYIKISTÁN

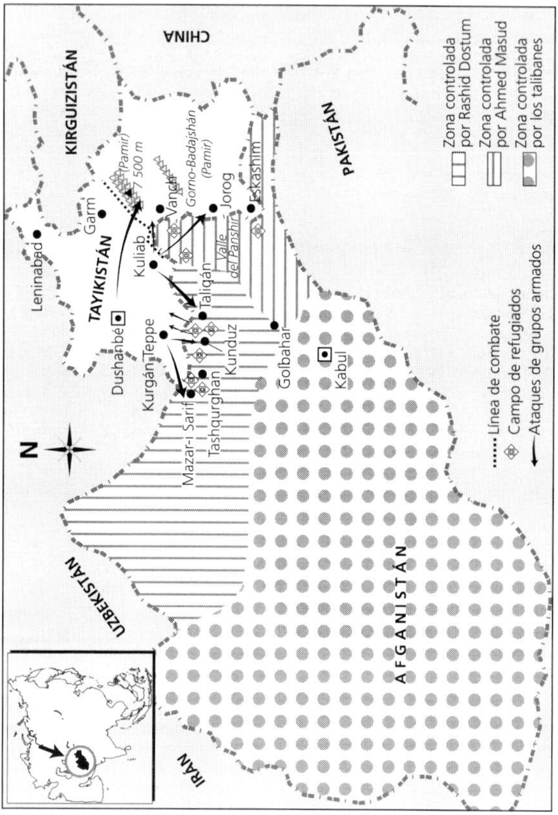

carlo en un cúmulo de intereses económicos (cuyos beneficiarios son Pakistán y algunas compañías occidentales) y en los ideológico-religiosos (la lucha por la hegemonía en el mundo islámico entre Arabia Saudí e Irán).

Tras la desaparición de la URSS, Pakistán se planteó una nueva estrategia integral en Asia central que le permitiera convertirse en potencia hegemónica en una zona con gran potencial energético, minero y demográfico. La retirada de apoyo a Hekmatiar y el surgimiento del Talibán se relaciona con la llegada al poder en Pakistán de Benazir Bhutto y su ministro del interior, el general Babar, auténtico cerebro de los talibanes.

En 1993, Pakistán fue acusado por Estados Unidos de ser un Estado terrorista y de que su aliado afgano, Hekmatiar, estaba vinculado al tráfico de opio, protegía a terroristas internacionales y expresaba su apoyo público a Saddam Husein. Además, los norteamericanos acusaban al gobierno de Islamabad de enriquecerse con el cultivo y la exportación de opio y cocaína, que movían al año dos millones de dólares. La propia Arabia Saudí, irritada con Hekmatiar por sus simpatías hacia Irak, presionó para buscar un cambio de estrategia en Afganistán.

A su vez, Pakistán comprendió que su aliado afgano estaba atascado en luchas intestinas, muy lejos del poder definitivo. Finalmente contaban los importantes intereses económicos paquistaníes y occidentales que precisaban un Afganistán en paz o con vías comerciales seguras que permitiesen acceder a sus vecinos del norte: Turmekistán posee grandes reservas de gas y petróleo y recientemente firmó con Pakistán un acuerdo de compra-venta de hidrocarburos, así como un compromiso sobre telecomunicaciones por fibra óptica cuyo tendido pasaría por el territorio en guerra; en Uzbekistán se encuentra la mina de oro más importante del mundo, sobre la que Pakistán desea lograr un acuerdo de explotación; Tayikistán tiene los mayores recursos argentíferos que se conocen y es rico en uranio, que puede abastecer las centrales y los planes militares de Pakistán; Kazajstán posee petróleo y gas que están siendo explotados por compañías occidentales (British Gas, Agip). Además, según estimaciones de Naciones Unidas, el 70 % de la heroína que se consume en Europa llega desde Afganistán, lo que en parte explicaría lo bien abastecidas de armas que están las diversas facciones.

El control de todos estos intereses hace del «pasillo afgano» un elemento clave para paquistaníes, saudíes y occidentales. El futuro se presenta complejo, pero, sin duda, duro para los afganos. Habrá que esperar a ver cómo reaccionan los milicianos en el poder y si su locura no traspasa las fronteras. Esperar también a los posibles refuerzos o ayudas que reciban las tropas gubernamentales y demás guerrillas; no olvidemos que los talibanes no poseen tropas para un control efectivo del territorio que ocupan.

5.3.1 Antecedentes

El 27 de abril de 1978, el Partido Democrático del Pueblo Afgano (comunista) tomó el poder por medio de un golpe de Estado. Se inició así una reforma radical del país no exenta de sangrienta represión. La oposición tomó las armas y se vertebró en torno al islam. En pocos meses el país se vio envuelto en revueltas, manifestaciones y enfrentamientos armados. Cuando Moscú vio que sus aliados estaban a punto de derrumbarse, envió a cien mil hombres e importante material bélico. Comenzaba así la invasión de Afganistán, conflicto típico de la guerra fría, que derivó en una guerra civil en la que los soviéticos apoyaban a un gobierno comunista y la guerrilla islámica opositora era sustentada por Estados Unidos y algunos países árabes. La guerra se intensificó en 1984 porque los soviéticos jamás pudieron someter a los guerrilleros de las montañas ni cortar sus suministros exteriores.

La *perestroika* y la sangría que suponía para Moscú esta guerra hicieron que se firmasen los acuerdos de Ginebra (1989), propiciando el abandono de las tropas soviéticas. Contra todo pronóstico, el régimen del general Najibulá, comunista aliado de Moscú, aguantó en el poder. Supo manejar las disidencias entre las distintas etnias y tribus guerrilleras hasta la primavera de 1992, cuando su aliado, el general uzbeko Dustom, se unió con Massud, héroe mujahidín de la resistencia antisoviética.

La guerra civil consiguiente enfrentó a los tayiks y uzbekos del norte contra los pasthún de Hekmatiar, mientras los hazaras chiítas peleaban por su cuenta, aliándose según les conviniera. Si antes el enemigo era común (las tropas invasoras), ahora la guerra civil enfrentaba a los diversos sectores étnicos y religiosos de la sociedad afgana. Una sociedad que se ha desestructurado totalmente, en la que cinco millones de sus habitantes han huido a otros países (Pakistán recibió cerca de tres millones) y en la que ha nacido toda una generación que sólo sabe leer el Corán y manejar un *kaláshnikov*. Si los soviéticos se ensañaron con la sociedad rural, la guerra civil ha devastado las ciudades.

En 1993 se alcanzó un acuerdo entre las partes que establecía que Rabbani (hombre de confianza del general Massud) fuera el presidente del país hasta 1995, mientras que su enemigo Hekmatiar sería el primer ministro de un gobierno que nunca llegó a gobernar. Pese al acuerdo, la guerra continuó sin grandes modificaciones excepto en las alianzas: los hazaras shiítas y los uzbekos de Dustom unieron sus esfuerzos contra el gobierno y Hekmatiar cayó en desgracia en Islamabad.

A finales de 1994, y sobre todo con la ofensiva talibán de 1995, el panorama afgano sufrió un vuelco inesperado, antecedente de lo que se viviría un año después. En menos de tres meses, estos guerreros formados en las escuelas coránicas «masadras» de etnia pasthún, radicados a ambos lados de frontera paquistaní, llegaron a las puertas de Kabul. El asedio de la capital fue feroz. El presidente B. Rabbani logró resistir con las tropas de Massud y los talibanes se retiraron a las colinas cercanas, desde donde siguieron bombardeando a una población martirizada que huyó hacia el norte.

El lamentable balance de la invasión soviética y de la guerra civil no puede resumirse en las frías cifras: un millón de muertos, cinco millones de refugiados y más de la mitad de la población desplazada, casi medio millón de niños y adolescentes muertos o mutilados por las minas, la esperanza de vida se ha reducido hasta los cuarenta y cuatro años y el 25 % de las mujeres son viudas (y la ley de los talibanes les prohíbe trabajar). Si en los años setenta Afganistán era un país pobre, hoy es un país casi muerto y con pocas esperanzas de reanimación. La única fábrica de Kabul cuando la tomaron los integristas era la de piernas ortopédicas.

Es la triste herencia de una guerra fría que impuso conflictos periféricos para evitar el choque entre las potencias pero que la distensión ha olvidado y las instituciones internacionales ignoran como si los implicados no fuesen miembros o ni siquiera estuviesen en la tierra. Eso sí, los traficantes de armas saben perfectamente dónde está Afganistán; quizá por eso sea la guerra mejor abastecida.

5.4 Moldavia

Esta pequeña república enclavada entre Ucrania y Rumanía ha vivido siempre al pairo de una historia esquiva que la condenó a ser moneda de cambio y tierra de frontera, según soplase el viento histórico. Fue protectorado tártaro (siglo XIII), húngaro (siglo XIV), independiente (1359), y polaco-lituano (siglo XV). Cuando los otomanos lo permitieron, aparecieron los rusos (1812), que con la anexión de Besarabia cortaron en dos a una población de tradición latina, siempre unida a lo que hoy se conoce como Rumanía. Tras la II Guerra Mundial, Moldavia fue «colonizada» por ucranios y rusos y pasó a formar parte de la URSS.

En 1990 el parlamento de la república, bajo la presión del Frente Popular Moldavo (pro-rumano), declaró primero su soberanía y meses después su independencia. Como reacción, y dentro de Moldavia, los gagauzos (una minoría étnica de 150.000 personas) organizaron su propia república, mientras que los rusófonos crearon la República del Dniestr.

Elegido presidente Mircea Snegur, un comunista ex presidente del Soviet Supremo de Moldavia, no fue capaz de contener los conflictos étnicos; al revés, los azuzó con sus proclamas pro-rumanas. Los rusófonos, temerosos de una unión con Rumanía, se hicieron fuertes gracias al apoyo del 14° Ejército soviético con base en la región del Dniestr.

En 1991 estallan los combates. En junio de 1992, las tropas rusas al mando del general Lebed lanzaron una ofensiva con el fin de controlar toda la autoproclamada República del Dniestr. Un mes más tarde se alcanzó un acuerdo: la República del Dniestr permanecía en el seno de Moldavia gozando de un estatuto especial. A cambio, si algún día Moldavia se unía a Rumanía, podrían decidir ellos mismos su futuro.

La guerra costó casi cinco mil muertos y la región del Dniestr quedó limpia de moldavos y ucranios. Hoy las tropas rusas mantienen una paz impuesta, y los rusófonos son mayoría en un territorio donde antes eran la tercera comunidad detrás de moldavos y ucranios. De hecho, y aunque prosiguen las negociaciones, la región sigue organizada por una administración propia, dependiente de Moscú, y el 14° Ejército soviético-ruso no se ha retirado. Los choques armados son esporádicos, pero el conflicto étnico late con fuerza bajo una aparente calma. Prueba de ello es la reelección de Ígor Smirnov —líder secesionista de la región del Dniestr que gobierna con la anuencia de Moscú— en las elecciones locales del 22 de diciembre de 1996.

La otra preocupación para la República de Moldavia es la independencia de los gagauzos, cristianos de lengua turca que vivían en Bulgaria, pero a los que las diferentes guerras pasadas llevaron hacia el norte; hoy habitan en Moldavia. En agosto de 1990 proclamaron la República de Gagauzia, pero una comisión encargada de lograr un acuerdo consiguió, en agosto de 1995, sellar un pacto por el cual el parlamento moldavo otorgaba un estatuto de autonomía especial a esta población, y quedaban desarmados los últimos batallones gagauzos.

Hoy la perspectiva de una unión con Rumanía se aleja. Los moldavos han desarrollado en seis años un fuerte sentimiento de identidad nacional; por eso viven con amargura la presencia del ejército ruso y miran con inquietud y rabia a la república rusófona dentro de su propio territorio.

En abril de 1996 se produjo una grave crisis entre el gobierno y el ejército por la destitución del ministro de defensa, Creanga, por decreto presidencial. El Tribunal Constitucional de Moldavia dictaminó que el decreto era ilegal, lo que, unido a la dimisión de Creanga, disminuyó la tensión, ya que el parlamento y el ejército apoyaban al ministro.

6
EUROPA

6.1 Chipre

Durante los primeros días de agosto de 1996 se desencadenó una grave crisis en Chipre, motivada por las muertes de dos greco-chipriotas en el curso de manifestaciones antiturcas. Los medios de comunicación calificaron los incidentes como los más espinosos acaecidos en la isla desde que Turquía invadiera y ocupara el tercio norte en 1974. Grecia no ha permanecido impasible y su primer ministro, Costas Simitris, reiteró su llamamiento a la Unión Europea.

La ministra turca de asuntos exteriores, Tansu Ciller, describió los acontecimientos como una «provocación muy grave», añadiendo su intención de adoptar las «medidas necesarias» en caso de violación de la frontera de la autoproclamada República Turca de Chipre del Norte.

Con sus 9.250 km^2, la más grande isla del Mediterráneo después de Sicilia y Cerdeña se ha convertido en la pieza central del inacabable conflicto greco-turco, cruce de los nacionalismos de los Balcanes y de las continuas crisis de Oriente Próximo. Su capital, Nicosia, es actualmente la última ciudad dividida en dos, tras la caída del muro de Berlín.

¿Cuál es el motivo de que la OTAN, organización a la que pertenecen tanto Grecia como Turquía, no haya adoptado una posición clara ante el conflicto? La respuesta podría estar en el valor geoestratégico que posee la República Turca para miembros de la Alianza Atlántica.

Los enfrentamientos entre ambas comunidades hacen todavía más complicado el acercamiento y entorpecen los pequeños esfuerzos internacionales para poner punto final a la división de Chipre. Si Nicosia puede contar con Atenas, Turquía no optará por la ponderación en sus actuaciones. Incluso la guerra en la ex Yugoslavia ha hecho resaltar sobremanera las rivalidades entre Grecia y Turquía, cuyos respectivos intereses aparecen encontrados.

Las conversaciones entre Glafcos Clérides y Ranf Dentkash están rotas desde 1994 y las perspectivas de reunificación parecen más remotas. Sobre todo después de que en enero de 1997 se supiera que el gobierno pro-griego de Nicosia había comprado misiles rusos S-300, de 150 kilómetros de alcance. Turquía calificó los misiles de armamento ofensivo y declaró que si se instalaban los bombardearía. Los S-300 pueden alcanzar las costas turcas, situadas a menos de 100 kilómetros de Chipre. Este incidente movilizó a la Armada turca, que envió fragatas y más tropas de apoyo al norte de Chipre.

Durante 1996 la rivalidad entre Grecia y Turquía aumentó por la disputa de una pequeña isla reivindicada por ambas. La tensión volvió a subir tras la victoria en Turquía del partido islamista de N. Erbakan. El anuncio de la compra de los misiles añadió más leña al fuego.

6.1.1 Antecedentes

Colonia británica, hacia 1955 los chipriotas griegos acometieron la lucha armada contra Londres con el fin de unirse a Grecia, lo que se dio en llamar la *Enosis*. Pero el Reino Unido se resistió a perder tan exigua parte de su imperio, estratégicamente situada cerca de Oriente Próximo y del canal de Suez. Por ello, y aunque el 77 % de la población era de origen griego, se amparó en el 18,3 % de minoría turca, poco amiga de una dependencia griega. Por vez primera Turquía alzó la voz en oposición a cualquier tipo de *Enosis*.

De otro lado, Estados Unidos, con su actitud, favoreció la doble subordinación: el norte de Turquía y el sur de Grecia. Chipre se convirtió en la vanguardia de la OTAN, de la que forman parte tanto Grecia como Turquía.

En 1960 logra independizarse, con el arzobispo griego Makarios III como presidente y un turco, Fazil Kütchük, como vicepresidente. Gran Bretaña conservaría bases militares en la isla. Proporcionó una constitución que propició la ingobernabilidad del nuevo país. El periodo 1961-1964 se caracterizó por continuas crisis y enfrentamientos entre ambas comunidades, lo que llevó al desembarco en abril de 1964 de una fuerza de Naciones Unidas encargada del mantenimiento de la paz, denominada UNFICYP, compuesta por 6.441 hombres. Esta cifra se irá reduciendo paulatinamente, y en 1994 únicamente habrá una presencia de 1.221 *cascos azules*.

La década de los setenta vive una etapa de intercambios de negociaciones entre chipriotas turcos y griegos. Pero en julio de 1974 la dictadura de los Coroneles griegos, apoyada por Washington, instiga un golpe de Estado a través de los chipriotas griegos de la EOKA (Organización Nacional de Combatientes Chipriotas) dirigidos por Georges Grivas. Nikos Sampsum, radical partidario de la *Enosis*, toma el poder.

Pero este guión fracasa, ya que resulta ser la coyuntura esperada por Turquía, que buscaba la ocasión para salir en defensa de los chipriotas turcos. Aprovechando la dimisión del presidente estadounidense Richard Nixon, Ankara ocupa el 37 % de la isla, enviando a más de 30.000 soldados respaldados por la aviación y la marina. Toman posesión de las provincias mejor comunicadas y más ricas dividiendo la isla en dos. Supuso la primera modificación de fronteras en Europa desde 1945, ante la pasividad de la comunidad internacional. Se produjeron 220.000 víctimas (160.000 chipriotas griegos y 60.000 chipriotas turcos) y 1.619 personas desaparecidas, y el 30 % de la población, chipriotas griegos, fueron expulsados de la zona controlada por los turcos.

La isla se vio separada por una alambrada llamada «Atila» y por la «línea verde», zona tampón entre las dos comunidades, de 180 kilómetros.

La caída del régimen de los Coroneles en Grecia supuso el regreso de Makarios al poder en Chipre. Pero al mismo tiempo Rans Dentkash, ultranacionalista turco, fue acreentando su poder, sostenido por militares turcos y por el ejército.

Tras la invasión, ambas comunidades chipriotas, junto con el Reino Unido, Turquía y Grecia, la Comunidad Económica Europea y Naciones Unidas, trataron de buscar soluciones, y durante 1977 y 1979 se ratificaron dos acuerdos favorables de una federación de carácter bicomunitario.

Pero las dos partes entienden el concepto de federación de manera distinta, y mientras para los chipriotas griegos suponía la existencia de un poder central, la comunidad turca se mostraba favorable a una confederación de dos entidades de Estado diferentes. Han transcurrido ya más de cuatro lustros y los intentos de aproximación de ambas tendencias han resultado infructuosos.

El 13 de febrero de 1975, Ranf Dentkash creó el Estado federal chipriota turco, embrión de lo que habría de ser una futura estructura independiente. El 15 de noviembre de 1983 se fundó la República Turca de Chipre del Norte (RTCN), que únicamente ha sido reconocida por Turquía, país que respaldó el proyecto con el envío de 36.000 soldados, y entre 60.000 y 80.000 colonos procedentes de Anatolia central y meridional. Además apadrinó al partido de la Unión Nacional de Dentkash. Todo ello supuso la puesta en funcionamiento de una partición *de jure*.

6.1.2 Intentos de solución

A lo largo de los años, las negociaciones bajo los auspicios de la ONU han sido un fracaso. Chipre es una de las principales frustraciones de la comunidad internacional, aunque, tras veintidós años de moratorias, la ONU ha condenado la intransigencia de Dentkash en cuatro ocasiones entre los años 1991 y 1994. Todos los esfuerzos para encontrar una solución han caído en saco roto.

En 1988 Georges Vassilion emprende una serie de negociaciones diplomáticas. Expone numerosas concesiones y acepta disolver la Guardia Nacional Chipriota, escalonar la retirada del ejército de Turquía, no permitir el regreso a sus hogares a más de la mitad de los 160.000 refugiados y financiar el crecimiento económico de la región chipriota turca.

En 1993, el entonces Secretario General de Naciones Unidas, Boutros Ghali, intervino proponiendo a las dos partes la adopción de «medidas de confianza» mutua, planteó un repoblamiento mixto greco-turco y la conversión en «zona franca» del barrio Varosha, al sur de Famaguza, así como la utilización conjunta del aeropuerto internacional de Nicosia, cerrado desde 1974. Pero Denthzh no cedió.

El 30 de mayo de 1994 Naciones Unidas presentó un informe en el que se calificaba de responsable al gobierno turco-chipriota de impedir un arreglo. El 29 de julio del mismo año el Consejo de Seguridad adoptó la resolución 939, denunciando los bloqueos por parte turca. La Corte Europea de Justicia prohibió las importaciones provenientes de la RTCN hacia la Unión Europea. Dentkash parece haber cerrado definitivamente las puertas a la federación. Chipre solicitó en 1990 la adhesión a la Comunidad Europea. El líder turco-chipriota expuso públicamente su total oposición y su determinación de optar por la integración en Turquía en el caso de producirse.

6.2 El entorno yugoslavo

Desde 1991 el espacio yugoslavo ha sido foco de atención de la prensa y televisiones del mundo, muy especialmente de los medios europeos y norteamericanos.

El amago de conflicto en Eslovenia primero, seguido por la guerra total en Croacia y el genocidio en Bosnia, que supuso la descomposición de Yugoslavia, tuvo en vilo a políticos y militares de las principales instituciones internacionales (ONU, OSCE, UE, OTAN, ACNUR).

Cuando los tambores de guerra empiezan a ser un eco no muy lejano, gracias a los acuerdos de paz de Dayton (21 de noviembre de 1995), las primeras páginas de los periódicos siguen presentando la actualidad trágica de las consecuencias de cuatro años de guerra: descubrimientos de fosas comunes, juicios contra responsables de genocidio, dificultad de puesta en práctica del plan de paz, imposible retorno de los refugiados, elecciones que ratifican la división étnica, protestas contra el régimen de Milosevic...

Sin embargo, parecen haberse olvidado varias situaciones graves, vicarias de la fragmentación yugoslava, cuya tensión crece o no se relaja. La luz de los focos televisivos que alumbra a Bosnia o a Serbia ensombrece en la oscuridad casi absoluta a una república ex yugoslava (Macedonia), a una antigua provincia autónoma, hoy engullida por Serbia (Kosovo), y a un país donde las tensiones con sus vecinos son tan agudas como la miseria que arruina a su población (Albania). La inestabilidad en cualquiera de estos tres territorios podría arrastrar a los otros a un conflicto armado de consecuencias imprevisibles. Y la descomposición que corroe al régimen serbio de Milosevic o el cáncer del croata Tudjman anuncian nuevos cambios en la zona.

6.2.1 Macedonia

La complejidad étnica de los Balcanes tiene su sublimación en la República de Macedonia, cuyo nombre sirve popularmente para denominar cualquier mezcla de todo. La historia aquí es tan compleja e imbricada que a menudo sólo sirve para enmarañar más las explicaciones.

Hasta la II Guerra Mundial, Macedonia no tuvo fronteras claras y permaneció a merced de las pretensiones territoriales de búlgaros, serbios o griegos. Sólo con la primera constitución de Tito (1946) se delimitaron sus fronteras actuales y obtuvo el estatus de nación (lo que nunca aceptaron griegos, búlgaros ni serbios). Tras la ruptura de Yugoslavia, la República de Macedonia fue, desde abril de 1992, internacionalmente reconocida como Estado independiente.

Los avatares de la historia hicieron que Macedonia, cuna de Alejandro Magno, fuese el crisol de todos los pueblos que alguna vez se asentaron en los Balcanes. Hoy habitan estas tierras 1.300.000 personas de origen eslavo, 500.000 albaneses, 100.000 turcos y diversas minorías de gitanos, valacos, serbios y búlgaros.

El mayor problema que sufre el país en la actualidad es la quiebra económica, consecuencia del embargo internacional a Serbia —su principal proveedor— y del absurdo bloqueo al que hasta 1995 le había sometido Grecia. La tasa de desempleo es superior al 30 % y la inflación hasta 1996 se medía con tres dígitos. La crisis se ahonda cuando es la población albanesa —peor preparada, con un sentimiento de identidad muy fuerte y con pretensiones separatistas— la que peor vive.

Los acuerdos de Dayton han permitido albergar mínimas esperanzas para la joven república. Por dichos acuerdos, Serbia se vio obligada a reconocer a Macedonia, Grecia tuvo que levantar su bloqueo, después de ser denunciada y presionada por la propia UE, y la ayuda internacional empezó a llegar (250 millones de dólares están sirviendo para contener la inflación y hacer despegar la economía).

Si la guerra no se contagió a Macedonia fue gracias a la presencia de *cascos azules*, en su mayoría marines norteamericanos, y por el temor a desencadenar un conflicto con consecuencias desastrosas: Macedonia hubiese arrastrado a la guerra a Albania, Grecia y quizá a Bulgaria y Turquía.

El verdadero factor desestabilizante sigue siendo la población albanesa, cuyos dirigentes reclaman abiertamente sus aspiraciones: «Si la situación sigue como hasta ahora, intentaremos la independencia de Macedonia; lo contrario sería masoquismo», dice Arben Xhaferi, líder del Partido para la Prosperidad Democrática. Las posturas más radicales entre los albaneses piden la separación de sus territorios —se concentran en las zonas próximas a Kosovo, Albania y en la capital Skopje— para una futura unión con Albania. Otros políticos más moderados piden una reforma constitucional que les otorgue autonomía.

El presidente Gligorov y el primer ministro Crvenkovski, antiguos comunistas, han sido prudentes tratando siempre de tender manos amigas a los albaneses, a la vez que han mantenido un equilibrio negociador entre las distintas comunidades. Sin embargo, un fallido atentado contra el presidente de la república (octubre de 1995) y los continuos choques armados entre albaneses y macedonios eslavos en el interior son indicios preocupantes. Los equilibrios internos siguen siendo muy inestables. Por su parte, los países vecinos mantienen sus pretensiones sin renunciar a ellas. Grecia y Serbia esperan el momento más propicio para jugar sus cartas, y sólo la presión de la UE y de Estados Unidos les ha obligado a reconocer al país a regañadientes. Macedonia, además de un postre, sigue siendo un polvorín.

6.2.2 Kosovo

Esta pequeña y antigua provincia autónoma de Yugoslavia, hoy anexionada por la fuerza a Serbia, fue el primer indicio de lo que el régimen de Milosevic buscaba: la Gran Serbia como excusa para mantenerse en el poder.

Kosovo es un territorio pobre, excesivamente poblado, sin valor económico o estratégico, pero con demasiadas connotaciones históricas, sentimentales y religiosas. Fue en esta región donde los serbios sufrieron su más humillante derrota contra los turcos (la batalla del Campo de los Mirlos, 1389). Esta afrenta histórica se vio aumentada por la religiosa: la cercana Pec, cuna y sede de la Iglesia ortodoxa serbia, fue arrasada por las tropas otomanas. Así nació el mito serbio y la expansión turca por Europa. Siglos después, en 1878, en esa misma región se produjeron las primeras manifestaciones del nacionalismo albanés. La historia envenenaba así el destino de un pedazo de tierra yerma.

Cuando se contemplan las sucias y polvorientas colinas de Kosovo, apestadas de humos por las fábricas heredadas del comunismo y surcadas por un marasmo de cables eléctricos, no se entiende muy bien el valor mítico de esta zona.

Hoy viven aquí dos millones de personas, el 90 % albaneses, con un crecimiento demográfico del 3 % anual, bajo un régimen similar al surafricano en sus días de segregación racial. La población de origen albanés y religión islámica carece de derechos: ha sido expoliada, no puede trabajar para la administración pública, se le niega un sistema educativo propio y vive en régimen de *apartheid*.

En 1989, el presidente de Serbia-Montenegro, Milosevic, decidió acabar con la autonomía que Tito diera a la provincia y tomarla militar y policialmente. La serbianización del territorio se intentó desplazando refugiados serbios de Bosnia, Croacia o Montenegro, pero con escaso éxito. Desde entonces la tensión no ha dejado de crecer entre las dos comunidades.

La primavera de 1996 resultó especialmente violenta en Pristina, la capital, donde se produjeron varios atentados y choques violentos entre albaneses y autoridades serbias.

Dos años después, los incidentes armados se volvieron a repetir en todo el país. La represión serbia provocó centenares de muertos, muchos de ellos civiles, y un éxodo de kosovares hacia Albania, inestabilizando más la región. Los incidentes de 1998 vienen a demostrar el hartazgo de la población musulmana y el peso cada vez mayor de los que apuestan por una solución armada para alcanzar la independencia, como es el caso del Ejército de Liberación de Kosovo.

Los kosovares albaneses han creado toda una administración paralela, agrupados en torno al escritor pacifista Ibrahim Rugova. Este Estado clandestino tiene un presidente, Rugova, un gobierno en el exilio y un parlamento controlado por la Liga Democrática de Kosovo, que se reúne secretamente en un garaje, una trastienda o un sótano de Pristina.

La moderación de Rugova ha impedido un baño de sangre, pero a nadie se le escapa que los kosovares desean unirse a Albania, a lo que se oponen frontalmente los serbios. El propio presidente Rugova declaraba: «Nada por debajo de la independencia».

Los kosovares no aceptan la unión con Serbia y lo expresan continuamente absteniéndose en todas y cada una de las elecciones celebradas hasta la fecha (1992, 1994), creando escuelas y universidades sumergidas, protestando en manifestaciones o revueltas callejeras o atentando contra las autoridades y las fuerzas de seguridad serbias.

La natalidad albanesa y la represión serbia han convertido la provincia en una bomba de relojería. Pocos dudan de que la chispa saltará algún día (¿con la caída de Milosevic?). La cuestión es saber hasta dónde alcanzará el fuego. Un levantamiento albanés arrastraría de inmediato a Albania y Macedonia. Grecia y Turquía no permanecerían impasibles; la pesadilla se habría desatado.

Otro factor que añade inestabilidad a la zona es la región de Sandzak, en Serbia, pero con mayoría de población musulmana muy ligada a Bosnia y Kosovo. Algunos ayuntamientos de Sandzak, con mayoría musulmana, han expresado sus deseos de unirse a Bosnia y otros lindantes a Kosovo estrechan lazos políticos con los albaneses.

La descomposición del régimen serbio de Milosevic seguro que provocará cambios en Kosovo. La cuestión es saber cómo se producirán.

6.2.3 Albania

El país más pobre de Europa, y más étnicamente homogéneo de

los Balcanes, vive una situación semejante a la descrita por su mejor escritor, Ismail Kadaré, en *El año negro*: un país hambriento, en guerra, dominado por numerosas bandas de mafiosos y soldados iluminados, en espera de una salvación que venga de la Europa desarrollada.

La crisis que estalló en febrero de 1997, tratada con intensidad en los medios de comunicación, tuvo su chispa en un fraude financiero que dejó sin ahorros a un tercio de la población. Ahora bien, las causas profundas hay que buscarlas en la herencia mísera que dejó un comunismo paranoico.

Durante décadas Albania vivió aislada del mundo, bajo un régimen autogestionario, un comunismo que rompió con Moscú y Pekín y que se inventó un líder enloquecido, Enver Hoxa, siempre temiendo una invasión —los tártaros buzzatianos que nunca llegaron—. La muerte de Hoxa (1985) dejó al país sumido en la desolación y en la corrupción de su delfín Ramiz Alía. La desaparición del comunismo en Europa trajo elecciones y nuevos políticos, pero criados con el pienso comunista hoxiano. Los albaneses han sufrido con dureza las consecuencias de la guerra en la antigua Yugoslavia, ya que ha afectado a millones de compatriotas repartidos en Kosovo, Macedonia y Bosnia.

Albania continuó regida por el Partido Democrático (PD), liderado por el presidente Sali Berisha, ganador de las elecciones de mayo-junio de 1996, con muchas dudas sobre su limpieza (la UE y la OSCE pidieron la repetición en varias circunscripciones y manifestaron sus dudas sobre el resultado).

El país se ha sostenido únicamente por la masiva ayuda de instituciones financieras internacionales y donantes bilaterales. Desde 1991 hasta 1997 llegaron más de 500 millones de dólares enviados por los 400.000 albaneses que trabajan en el extranjero.

La ayuda internacional llegó por dos motivos principales:

a) Ni la UE ni Estados Unidos están interesados en que se extienda la guerra yugoslava. Así que la mejor forma de frenar las impetuosas arengas que en 1992-93 lanzaba Berisha a sus hermanos de Kosovo y Macedonia para unirse a la Gran Albania ha sido donar dólares. La administración Clinton ha destinado 100 millones de dólares para equipar al ejército albanés, a cambio de mantenerse al margen de Kosovo y Macedonia, y la cesión de bases e instalaciones de radares para sus aviones en el Mediterráneo.

b) Los países de la UE desean a toda costa mantener alejados de sus fronteras a los jóvenes albaneses que sueñan con salir a trabajar. Las imágenes de los barcos atestados de gente llegando a los puertos italianos aterran a todos los gobiernos europeos.

Por ello, la UE —con Italia a la cabeza— se apresuró a enviar tropas para contener el «suicidio», como dijo el citado Kadaré, de un país que puede exportar su miseria y frustración a sus vecinos en forma de desesperados refugiados o lanzando más fuego sobre el polvorín balcánico.

BIBLIOGRAFÍA

AGUIRRE, Mariano, *Los días del futuro*, Icaria Editorial, Barcelona, 1995.

— *Conflictos y dilemas de la sociedad internacional: entre Sarajevo y Chiapas*, Icaria Editorial/Centro de Investigaciones por la Paz, Barcelona, 1994.

ALTO COMISIONADO DE LAS NACIONES UNIDAS PARA LOS REFUGIADOS, *La situación de los refugiados en el mundo*, Alianza Editorial, Madrid, 1996.

AMNISTÍA INTERNACIONAL, *Tortura y muerte en la India*, Madrid, 1991.

— *Informe 1995,* El País-Aguilar, Madrid, 1995.

— *Informe 1996,* El País-Aguilar, Madrid, 1996.

— *People's Republic of China: Persistent human rights violations in Tibet*, Londres, 1995.

BERTAUX, P., *África. Desde la Prehistoria hasta los Estados actuales*, Siglo XXI, Madrid, 1984.

BETTELHEM, Ch., *La India independiente*, Tecnos, Madrid, 1965.

CENTRO DE INVESTIGACIONES PARA LA PAZ, *Raíces de los conflictos armados. Anuario del CIP*, Icaria Editorial, Barcelona, 1996.

CHERMEYER, G. J., «La formation de l'imanat et de l'État au Yemen: Islam et culture politique», en *La Péninsule Arabique d'aujourdhui*, dirigido por Paul Bonnenfant, París, 1982, tomo II.

CHICLET, Ch., «Chypre toujours divisée, toujours meurtrie», *Le Monde Diplomatique*, 1995.

CHOMSKY, Noan, *La cultura del terrorismo*, Ediciones B, Barcelona, 1989.

CORTÉS LÓPEZ, J. L., *Historia contemporánea de África. Desde 1945 hasta nuestros días*, Mundo Negro, Madrid, 1995.

CRUVELLIER, T. «Sierra Leone, l'oubli et le neánt», *Le Monde Diplomatique*, 1996.

FARIBA, Adelkhan, *La revolución bajo el velo*, Ediciones Bellaterra, Barcelona, 1996.

FREDOOM, House, *Freedom in the World*, Washington, 1995.

GARCÍA, Alejandro, *Hijos de la violencia*, Libros de la Catarata, Madrid, 1996.

GEERTZ, Clifford, *Observando el islam. El desarrollo religioso en Marruecos e Indonesia*, Paidós, Barcelona, 1994.

GONZÁLEZ OCHOA, José M.ª, y MONTES PASCUAL, A. I., *El África subsahariana. Una mirada sobre Ruanda*, Asociación de Mujeres por la Paz, Madrid, 1995.

GONZÁLEZ OCHOA, José M.ª, *Las heridas yugoslavas*, Mujeres por la Paz-Ministerio de Asuntos Sociales, Madrid, 1994.

GOYTISOLO, J., «Kurdos: ¿el fin de una esperanza?», *Tiempo de Paz*, 1991.

IGLESIAS ETXEZARRETA, J., «Kurdistán: la conspiración del silencio», *África América Latina. SODEPAZ,* 1994.

JOWARD, A., «The second revolution», *The Horn or Africa Bulletin*, 1995.

KAPLAN, Robert D., *Fantasmas balcánicos*, Acento Editorial, Madrid, 1995.

— *Viaje a los confines de la Tierra*, Flor del Viento, Madrid, 1996.

KENDAL, Nezan, «Dernier quart d'heure pour l'armée turque», *Le Monde Diplomatique,* 1996.

— «Los kurdos. El otro gran problema de Oriente Próximo», *Tiempo de Paz*, 1994.

LEGUINECHE, Manuel, *Los ángeles perdidos*, Espasa Hoy, Madrid, 1996.

LEWIS, B., *El lenguaje político del islam*, Taurus, Madrid, 1990.

MARTÍNEZ CARRERAS, J. U., *El mundo árabe e Israel*, Istmo, Madrid, 1991.

MARTÍNEZ CARRERAS, J. U., *Historia de la descolonización 1919-1986. Las independencias de Asia y África*, Itsmo, Madrid, 1987.

MARTÍNEZ MONTÁVEZ, P., «Raíces y nueva actualidad del conflicto del Yemen», *Tiempo de Paz,* 1994.

— «El ascenso de los países árabes: Arabia Saudí y Emiratos Árabes Unidos», en *Historia Universal. Siglo XX*, vol. 34. Madrid, 1983.

MARTORELL, M., *Los kurdos. Historia de una resistencia*, Espasa Calpe, Madrid, 1991.

MÉDICOS SIN FRONTERAS, *Poblaciones en peligro*, Acento Editorial, Madrid, 1993.

— *Escenarios de crisis*, Acento Editorial, Madrid, 1994.

— *Poblaciones en peligro*, Acento Editorial, Madrid, 1995.

— *El mundo en crisis*, Acento Editorial, Madrid, 1996.

MESA, R., *Aproximación al Cercano Oriente*, Akal, Madrid, 1982.

NETANYARU, B., *Paix et sécurité*, L'Archipel, París, 1996.

O'SULLIVAN, Noel, *Terrorismo, ideología y revolución*, Alianza Editorial, Madrid, 1987.

PENIONOU, J. L., «Velando las armas en el mar Rojo», *Le Monde Diplomatique,* junio, 1996.

PEREYRA, David, *Del Moncada a Chiapas: Historia de la lucha armada en América Latina.*

PEROUSE, J. F., «Terre brûlee au Kurdistan», *Le Monde Diplomatique,* 1996.

RENOUVIN, Pierre, *Historia de las relaciones internacionales*, Akal, Madrid, 1995.

RONQUIÉ, Alain, *Guerra y paz en América Central*, Fondo de Cultura Económica, México, 1994.

RUIZ BRAVO, C., *La controversia ideológica nacionalismo / nacionalismos locales. Oriente: 1918-1982*, Madrid, 1976.

RUSSET, Bruce (y otros), *Grasping the democratic peace: principles for a post-cold war world*, Princenton University Press, Nueva Jersey, 1993.

SELLIER, André, y SELLER, Jean, *Atlas de los pueblos de Europa*, Acento Editorial, Madrid, 1995.

STRONG, Simon, *Sendero Luminoso. El movimiento terrorista más letal del mundo*, Perú Reporting, Lima, 1992.

SUMIT, Ganguly, «Avoiding war in Kashmir», *Foreign Affairs*, 1990.

TAIBO, Carlos, y LECHADO, José Carlos, *Los conflictos yugoslavos*, Fundamentos, Madrid, 1996, 3.ª edición.

TAIBO, Carlos, *La disolución de la URSS*, Ronsel, Barcelona, 1994.

TERTSCH, Hermann, *La venganza de la Historia*, El País-Aguilar, Madrid, 1993.

TSHIMPANGA, Matala Kabangu, «Dinámica política y conflictos sociales en la India contemporánea», *Tiempo de Paz*, 1991.

UNICEF-España, *Programa antibélico*, Servicio de Publicaciones de UNICEF, Madrid, 1996.

VERRIER, M., «Dangereuses dérives en Turquie», *Le Monde Diplomatique,* 1994.

VV. AA., *Armas para luchar, brazos para proteger*, Icaria Editorial, Barcelona, 1996.

ZERAOUI, Z., *El mundo árabe, imperialismo y nacionalismo*, Nueva Imagen, México, 1981.

AGRADECIMIENTOS

Muchos de los datos e ideas del presente libro han sido obtenidos en bibliotecas, centros de documentación y bases de datos de diversas instituciones a las que deseamos expresar nuestro agradecimiento, así como a las personas que trabajan en ellas:

- Biblioteca de la Escuela Diplomática;
- Biblioteca de la Facultad de Ciencias de la Información, UCM;
- Biblioteca de la Facultad de Geografía e Historia, UCM;
- Biblioteca del Ministerio de Defensa;
- Centro de Información de Naciones Unidas en España;
- Centro de Investigaciones para la Paz (CIP);
- Centro de Documentación para África (CIDAF);
- Instituto de Investigaciones para la Paz (CIP);
- Instituto de Investigaciones de la Paz Internacional (SIPRI);
- Instituto de Estudios Políticos para América Latina y África (IEPALA).

Bastantes informaciones se hubieran perdido de no ser por las excelentes traducciones del francés realizadas por Felipe Basabe y por Carmen Puyol.

Interesantes fueron los comentarios de trabajadores y voluntarios de Cáritas Internacional, Pueblos Hermanos y Cruz Roja.

El soporte informático, y de todo tipo, de Chusa y Ricardo ahorró mucho tiempo. Así como la ayuda de Cecilia Nabal

Fue una suerte contar con la paciencia y dedicación de José González en la corrección del texto y de Modesto Arregui en la elaboración de los mapas.

Y todo fue mucho más fácil con el apoyo y aliento de Belén Basabe, Javier Rodríguez, Antonio Montes, Trinidad Pascual y Jesús Pascual.